CW01497699

# BIXENTE

LIZARAZU
*avec la collaboration de*
ARNAUD RAMSAY *et* JACQUES BUNGERT

# BIXENTE

BERNARD GRASSET
PARIS

ISBN 978-2-246-71401-9

*A Tximista...*

« Homme libre, toujours tu chériras la mer. »
Charles Baudelaire.

# 1

## *No future !*

« Tu ne seras jamais footballeur professionnel », avait prédit Bernard Larue. Larue. Ce nom a long-temps résonné dans ma tête. Il est l'auteur de ma pre-mière grosse claque. J'avais quinze ans à peine. Larue était le responsable de la section sport-études de Méri-gnac, où je m'entraînais la semaine. Le week-end, il se transformait en coach des cadets des Girondins de Bordeaux. Estimant mon niveau trop faible pour inté-grer l'équipe A, il m'envoyait jouer le samedi avec la réserve des cadets. Un après-midi, stade Stéhélin. La fin de la saison approchait. Mes parents avaient fait le déplacement d'Hendaye à Bordeaux pour m'encourager. Egale-ment pour s'entretenir avec Larue ; il leur avait indi-qué qu'il les verrait à l'issue de la rencontre. Mon oncle Paquito, le frère de mon père, était lui aussi pré-sent. Une fois de plus, j'ai débuté la partie sur le banc de touche. Une fois de plus, je n'ai participé au match qu'une poignée de minutes. Cinq exactement ce jour-là. Une vexation supplémentaire. J'aurais tant aimé montrer aux miens le bien-fondé de mon choix pour les Girondins. Ai-je pris une douche après le match ? Je ne m'en souviens plus. Pour le temps passé sur la pelouse... Larue est allé trouver mes parents au bord de la touche, près des tribunes d'honneur. Paquito était un peu en retrait, avec moi. Je n'ai rien raté de la conversation :

— Quel avenir envisagez-vous pour notre fils dans le football ?

— Je ne lui en vois pas. Votre gamin est accrocheur. Mais il n'aura jamais le niveau pour jouer en première division. Ne vous faites surtout pas d'illusions. Peut-être pourra-t-il évoluer un jour en D2 mais je le vois plutôt en D3. Il est trop frêle et manque de gabarit.

Il a prononcé ces phrases brutalement, sans aucun tact. Savait-il que j'écoutais ? Y avait-il comme une intention de faire mal, de me provoquer ou bien de me déstabiliser définitivement ? Ce fut comme un coup de poing dans l'estomac, de ceux qui vous coupent le souffle.

Paquito était outré. Il pouvait juger du manque de psychologie et de pédagogie de Bernard Larue : il était enseignant et directeur à Bordeaux de l'ENSAM, l'Ecole nationale supérieure des arts et métiers.

Nous sommes tous repartis effondrés par cette sentence. Si j'avais été son fils, je sais que Paquito m'aurait demandé de quitter ce milieu en fin d'année scolaire.

*No future !*

Quelques jours plus tard, mes parents partaient dans les Alpes. Je me suis fait porter pâle deux semaines auprès des Girondins. Et je suis parti avec eux. J'ai skié comme un fou pour me vider la tête. Je dévalais les pentes du matin au soir, me contentant d'un sandwich grignoté à la va-vite sur le télésiège. Au moins, sur les pistes, je me sentais vivant et libre. J'avais quinze ans !

Mes parents m'ont ensuite ramené au centre de formation. Ils m'ont demandé de relever la tête et d'essayer de décrocher mon bac. Nous déciderions alors ensemble de mon futur.

J'aurais pu plonger. Mais je suis du genre tenace et déterminé. Comme on dit chez nous, je suis un *kazko*, un têtu. Malgré l'environnement hostile, je ne voulais pas abandonner. Les Girondins envisageaient de ne plus me garder. Ils me proposaient de m'aguerrir au Football Club de Pau et avaient déjà susurré mon nom à l'entraîneur palois. Ces mois-là ont été durs.

Je ne voulais pas lâcher. L'orgueil a aussi ses vertus. J'ai bien fait de m'accrocher : j'ai explosé d'un coup, à dix-sept ans, démarrant la saison en juniors pour la terminer avec le groupe professionnel. Ma chance a été d'éveiller la curiosité d'Ante Mladinic. Ancien sélectionneur de l'équipe de Yougoslavie, formateur à Split, il avait rejoint Bordeaux en même temps que les frères Vujovic, Zlatko et Zoran. Mladinic est arrivé au titre de préparateur physique et technique. Aussitôt après m'avoir vu jouer, il s'est renseigné et a décelé en moi des qualités que Larue n'avait pas pris la peine de découvrir. Paquito, lorsque

11

je passais chez lui à Gradignan, se souvient que je parlais de ses entraînements avec des étoiles dans les yeux.

Je repense souvent à ce triste épisode. Le discours de Larue aurait pu me détourner du football. Comment avait-il pu avancer des arguments si tranchés et définitifs ? Je n'étais qu'un gamin de quinze ans, ma croissance n'était pas terminée. Il ne pouvait pas ignorer que le potentiel physique évolue de façon considérable entre quinze et vingt ans. Sans doute, et c'est encore plus grave, ne s'est-il pas rendu compte de la portée de ses propos. Probablement a-t-il dressé un bilan identique à des dizaines d'autres apprentis. Larue n'est pas une exception dans le monde du sport. Loin s'en faut. C'est pour ça qu'il faut d'abord croire en soi, tout en restant lucide, et trouver les bons relais psychologiques. Mes parents ont été présents. Ils m'ont fait confiance et je n'ai eu de cesse de la leur rendre.

Pendant l'hiver 2004, j'ai passé la semaine sur les pistes avec Tximista et des amis dans les Alpes. Mon fils adore le sport et je l'avais inscrit à des leçons de snow-board. Mais il ne voulait plus en entendre parler après ses deux premières heures de cours. J'étais étonné. « Votre fils n'est pas motivé », m'a annoncé le moniteur. J'ai changé de bonhomme et porté mon choix sur un autre prof, beaucoup plus enthousiaste. Le lendemain, Txim s'éclatait en snow-board. Parce que son professeur possédait la pédagogie et le désir de transmettre sa passion. Son prédécesseur avait presque fait renoncer Txim à cette discipline. Un éducateur doit être vigilant et souple car il peut briser la fraîcheur et les rêves d'un enfant.

Je pense qu'il faut vraiment s'affranchir de ces prétendus principes d'éducation à la dure dans le sport. Chaque âge a ses enjeux. La sélection vient vite, pas besoin d'en rajouter. C'est sur le socle du plaisir et du jeu que s'appuie la performance. Avec l'expérience de Larue, je ne peux plus accepter ces comportements qui proviennent souvent d'une rigidité de principe, voire d'une forme d'aigreur et de jalousie. Ils restent heureusement minoritaires dans le système. Mais cela me met encore parfois hors de moi, comme la suite l'a prouvé.

# 2

## Les odeurs de sciure de bois

En basque, *lizarazu* signifie « abondance de frênes ». Un bois clair, dur, élastique, qui pousse principalement dans les forêts d'Europe. Il appartient à la famille des oléacées, comme le lilas, le troène ou l'olivier. Dans l'astrologie celtique, le frêne est vif, impulsif, exigeant. Il y a des coïncidences étonnantes. J'ai un rapport affectif et charnel avec le bois. Comme tous les Lizarazu. Mon arrière-grand-père était forestier. Mes grands-pères paternel et maternel étaient menuisiers-charpentiers. Mon père aussi. J'aime le bois bien travaillé. J'aime le toucher. C'est inscrit dans mes gènes. Dans l'atelier de mon père, les odeurs de sciure de bois m'envahissaient avec délices. J'y ai passé une partie de mon enfance. Je l'observais fabriquer des meubles, poncer des poutres et les assembler pour en faire des charpentes. Je n'y ai pourtant pas développé un grand sens de l'ébénisterie. Mon seul exploit consistait à me balader avec un crayon sur l'oreille et à planter des milliers de pointes sur des planches ! Je préférais faire le zouave avec les copains. Je prenais aussi plaisir à taquiner les ouvriers. Les cinq de mon père laissaient parfois leurs gourdes de vin dans le vestiaire. En douce, nous allions en boire quelques gorgées. J'avoue que nous y allions aussi pour nous rincer l'œil sur les calendriers de filles dénudées qui traînaient.

Je voue une grande estime à la profession de mon père. Elle est noble, éprouvante physiquement et parfois dangereuse, quand il s'agit de monter sur les toits. Je pense que c'est lui qui m'a inculqué les valeurs du « travail ». Je regrette que les métiers manuels soient déconsidérés à l'école. A cause de ce parti pris, nous manquons de cette main-d'œuvre qualifiée dans le bâtiment. A mes yeux, il est tout aussi noble d'être un excellent menuisier, peintre ou électricien qu'un médecin ou un architecte.

Le bruit permanent des machines rythmait mon quotidien. Mon père ne supportait pas de rester enfermé à l'atelier. Qu'il vente ou qu'il pleuve, il partait sur les chantiers. Il était contre toutes les formes de privilèges et de passe-droits, en particulier ceux dont bénéficient les employés de la fonction publique. L'un de ses amis cheminot était parti beaucoup plus tôt que lui à la retraite. Il trouvait cela inadmissible car, disait-il, le travail de cheminot n'est pas plus éprouvant physiquement que le métier de menuisier.

Il bossait tellement dur que, le soir, il était épuisé. Mais c'était une force de la nature et il ne se plaignait jamais. Il aurait pu, pourtant. Il a glissé d'un toit de dix mètres et s'est pris une tonne de ferraille sur le dos en faisant un calage sur des trains de marchandises. Il s'en est sorti à chaque fois par miracle. Au registre de l'abnégation, mon père a été pour moi un modèle. Quand il a fallu transpirer sans pleurnicher, cela m'a paru du coup naturel. Pour autant, il ne nous a jamais poussés, mon frère Peyo et moi, à pratiquer son métier. Visiblement il ne le voulait pas, et nous non plus. Avec mon père, nous ne parlions pas beaucoup. Nous communiquions mal et c'était parfois brutal. Mais le respect était total. Dans les familles basques, entre les hommes, le dialogue passe plus par les yeux que par les mots. C'est comme ça.

Je sais que je pourrai toujours compter sur lui et qu'il sera toujours là pour moi. Il m'a également transmis sa pudeur et sa fierté. Il m'a regardé jouer jusqu'à la fin de ma carrière. Son émotion lors de mon dernier match m'a fait comprendre à quel point il est fier de moi. Ça m'a touché.

Cependant, pour parler foot, je m'adressais plutôt à Pierrot Labat, mon guide en football. A soixante-dix ans, cet éducateur hors pair est fidèle aux Girondins, aujourd'hui entraîneur à la formation.

A Bordeaux, à l'inverse d'un certain Larue, Pierrot a toujours cru en mon potentiel. Il m'a permis de tenir. Au centre de formation, en plus de nous épargner des conflits avec l'école et d'arranger nos histoires de cœur avec les filles, il s'était opposé à mon renvoi. Il m'a aidé à ne pas baisser les bras. Devenu professionnel, je l'appelais systématiquement après un match en équipe de France. Il était l'un des rares dont j'écoutais la critique. Nous décryptions la partie, il analysait mon jeu avec ou sans ballon, replaçait les actions dans leur contexte. Il ne me mentait pas et savait me prendre pour me dire les choses avec franchise. Cela peut paraître étonnant de l'extérieur mais, en dépit de mon expérience, j'ai eu jusqu'à la fin besoin de confronter, d'échanger avec Pierrot.

Mon père n'a jamais été un technicien ou un formateur. Il était logique que je me tourne vers quelqu'un d'autre. En revanche, dans le bâtiment, c'est un pro. Nous parlions de la maison que j'ai fait construire petit à petit, il y a bientôt dix ans, sur les hauteurs de Ciboure, le lieu de naissance de ma mère. Pour mon père, un sacrilège. Il pensait que je m'installerais à Hendaye; c'est dire le poids de l'enracinement et l'esprit de clocher au Pays basque.

Nous étions rarement d'accord concernant la maison. Sa vision privilégiait la fonctionnalité. La mienne était plus influencée par l'esthétique et l'atmosphère. Mes idées lui paraissaient farfelues. Que je redistribue des pièces pour les agencer différemment ou que je refasse des peintures pour des histoires d'ambiances le mettait hors de lui. Les discussions pouvaient être tendues. Nous ne sommes pas basques pour rien! Avec le temps, nos relations se sont assagies. Chacun a mis de l'eau dans son vin. Et, finalement, nous avons été assez complémentaires.

Mon père n'a jamais levé la main sur nous. S'il s'y

était laissé aller, Peyo et moi aurions eu la tête comme un compteur à gaz. C'était un excellent sportif. Troisième ligne de rugby au Stade Hendayais, il a été l'un des pionniers du surf à Hendaye. Son métier lui a forgé des mains aussi grosses et puissantes que des enclumes.

De sa vie d'artisan, il a dû me transmettre le plaisir de restaurer une maison. Qu'elle soit en harmonie avec l'environnement architectural et végétal est aujourd'hui l'une de mes passions. Concevoir des jardins ou des espaces verts aurait été une activité passionnante. J'ai pris un bonheur fou à arborer ma maison de Ciboure. Y planter mon premier olivier m'a ému au sens vrai du terme.

Avant de me lancer, je voulais comprendre. J'ai effectué le tour des pépiniéristes. Et j'ai remarqué un olivier. On dit que c'est l'arbre de la paix. C'est exact, il dégage une forme de sagesse et de sérénité. Sensible à ses vibrations, j'en ai acheté un. Nous étions en novembre, il bruinait. Pendant plus d'une heure, je l'ai tourné et déplacé dans tous les sens. Je voulais déterminer l'orientation idéale à son épanouissement, l'angle parfait avant de le planter.

Quand enfin j'ai trouvé le bon emplacement, je l'ai mis en terre. J'ai alors véritablement eu le sentiment de mettre au monde cet arbre appelé à devenir centenaire. Je ne me lasse pas de le regarder. Sa présence est belle et apaisante. Depuis, j'ai dû planter une bonne trentaine d'arbres. Ils me rassurent.

J'ai une préférence pour la végétation méditerranéenne, en harmonie avec ce décor de bord de mer. Je me régale aussi des fleurs blanches qui éclosent de mes trois magnolias, de l'odeur de l'eucalyptus quand j'en froisse la feuille, de la floraison des lavandes et des lauriers. Les palmiers ajoutent une touche exotique. Mon mûrier platane apporte le coin de fraîcheur nécessaire aux chauds après-midi d'été. Mes pins parasols me rappellent la présence des Landes si proches. Mon citronnier et mon oranger me transportent en Espagne.

J'ai un mini-potager, avec du thym, de la menthe, des tomates cerises, du persil et du romarin pour la cuisine. Un jardin sans arbres, c'est triste. Mais un véritable agencement horticole signifie aussi supprimer ceux qui ne sont pas en harmonie et les tailler pour qu'ils ne s'étouffent pas les uns contre les autres. Pour mon malheur, je suis dans l'incapacité de couper ou de tailler les arbres. J'aimerais encore planter des chênes-lièges, de la vigne. Mon délire serait de mettre en terre des baobabs ! Je suis obsédé par les arbres. Dès que j'entre dans un jardin, j'ai envie d'en planter. Je suis à ce point accro que, désormais, chez les copains, j'ai toujours besoin de leur donner quelques conseils. Planter des arbres est juste une passion. N'y cherchez aucune signification psychanalytique, même si elle doit exister !

# 3

## Un curé champion du monde

La porte en bois du garage de l'atelier de menuiserie de mon père en arbore encore les stigmates. Je l'ai martyrisée des heures entières, à force de shooter dans le ballon en sa direction. Je frappais encore et encore. Le bois avait beau éclater, je continuais infatigablement. Un dribble face à un adversaire imaginaire et, hop, un tir au but. Mes premiers entraînements. L'école était collée à la maison. Je profitais du court trajet pour m'inventer une sorte de circuit ballon au pied. Les menuisiers de mon père n'en pouvaient plus de me voir traîner dans leurs pattes.

Sept ans, l'âge des parties endiablées avec les copains de classe. Les tournois interquartiers d'Hendaye étaient acharnés. Je défendais celui de la gare. A battre, ceux de la plage, de la ville ou des Joncaux. Nous jouions près de l'église, à la villa Marie. Un terrain vague où nous taclions comme des fous. La paroisse et le curé organisaient les tournois. Un curé à la Don Camillo, passionné de foot. Je portais des tennis en toile. Je ne pensais qu'à dribbler et à marquer. J'avais été élu meilleur joueur de la compétition. A l'époque, j'étais attaquant... Inscription l'année suivante aux Eglantins d'Hendaye. A l'origine de ce club, les aumôniers du patronage. Les matchs de championnat étaient virils mais corrects, notamment les derbies face à Saint-Jean-de-Luz. J'ai écumé tous les villages du Pays basque. Je me souviens encore de terrains perdus à la campagne, au milieu des champs de patates, avec des bouses de vache que nous devions éviter.

A onze ans, j'étais le roi des jonglages. Je pouvais en faire plusieurs centaines de suite. J'étais un cador de la discipline. Tout un programme ! J'avais participé à un tournoi à Bayonne consistant à traverser le terrain depuis le rond central en jonglant, pour conclure l'action d'une reprise de volée devant le but. Le ballon, évidemment, ne devait pas toucher le sol. J'avais été distingué et c'est Michel Hidalgo, le sélectionneur de l'équipe de France de l'époque, qui m'avait remis le trophée. Mon premier trophée, ma première fierté !

Aux Eglantins, Norbert Baudias m'a pris en main. Je dois énormément à cet éducateur, dont je suis resté proche. Il a accompagné ma progression, m'a inculqué une certaine discipline dans le travail. Avant-centre ou ailier gauche, je portais le brassard de capitaine. Je réclamais du rab après les entraînements. Je m'y rendais en mobylette. J'avais déniché l'engin par hasard, patientant un an et un jour qu'on me le réclame avant d'oser le bricoler ! Une fois traficoté, il faisait davantage de bruit. Mais n'avançait absolument pas plus vite. Je l'avais peint en noir avec des taches rouges. J'étais super fier du guidon Chopper et du dossier que j'avais soudé à l'arrière. J'avais l'impression d'être aux commandes de la plus belle mobylette du monde. Oui, je sais, quand j'y pense, j'étais ridicule !

J'ai assez vite connu les honneurs de la sélection des Pyrénées-Atlantiques, dirigée par Peyo Sarattia, un autre de mes guides et de mes références parmi mes entraîneurs. Je suis resté fidèle aux Eglantins jusqu'à treize ans et demi. Cela m'a laissé le temps de disputer quelques matchs contre l'Aviron Bayonnais et un certain Didier Deschamps. Je me souviens qu'il avait sa taille d'adulte à treize ans mais aussi une barbe. On disait d'ailleurs que son club avait dû trafiquer sa licence !

L'aventure des Eglantins s'est arrêtée lorsqu'un recruteur des Girondins de Bordeaux, M. Debellex, a frappé à la porte de la maison. Sa visite visait à convaincre mes parents que j'avais le talent pour entrer au centre de formation des Girondins. Je n'étais qu'au début d'une longue et rude ascension.

\*

En 1998, la semaine après le titre de champion du monde, je suis revenu à Hendaye. Toute la ville s'était donné rendez-vous place de la République pour m'accueillir. Norbert Baudias, présent le 12 juillet dans les tribunes du Stade de France, avait prévenu les copains du foot des Eglantins. Ceux avec qui j'avais joué dans les catégories benjamins et minimes. J'étais ému. Même trémolos quand la chorale de mon père s'est mise à entonner trois chants basques traditionnels. Devant trois mille personnes, le maire d'Hendaye, Raphaël Lassalette, m'a remis le makila d'honneur de la ville, une canne-épée où figuraient mon nom et ma devise (*Hitza Hitz*, « la parole est la parole »). Ce bâton de marche robuste, en bois de néflier entaillé sur pied, peut se transformer en arme redoutable : une pointe en acier est cachée sous le pommeau. Les pèlerins et les bergers basques conduisant le troupeau s'en servaient en cas de danger.

Les vitrines des commerçants étaient barrées d'un cri en basque : *Aupa Bixente*, Vive Bixente. Le lendemain, à Bayonne, pas très loin de là, un autre Basque allait être reçu à la mairie : Didier Deschamps, notre capitaine.

Ultime consécration hendayaise, un stade porte mon nom. Je suis venu l'inaugurer le 30 décembre 2000, accompagné d'Elsa, de mes parents et de ma grand-mère. Tous étaient sacrément fiers. Lorsqu'ils évoquent l'endroit, mes parents disent le stade Bixente Lizarazu ! Le lieu est chargé de symboles. D'abord parce que désormais les Eglantins s'y entraînent. Ensuite car le stade est planté au bord de l'océan Atlantique, au pied des Pyrénées. Vue plongeante sur la baie de Txingudi. La mer, la montagne et le football rassemblés en un point : ce stade me correspond bien.

# 4

## Je rêve d'être un Black

J'aurais rêvé être un Black, un All Black. D'abord pour leur maillot noir à la fougère argentée : leur tunique, qui porte le deuil de leurs adversaires, est immédiatement identifiable. Aussi mythique que le jaune des footballeurs brésiliens. On les appelle d'ailleurs les « Brésiliens du rugby ». Leur haka, ensuite. Ce cérémonial d'avant-match, héritage d'une danse de guerre du peuple maori, me procure des frissons uniques. Quand à quelques minutes du coup d'envoi les rugbymen néo-zélandais l'entament et chantent le *Ka Mate* (qui signifie « Je meurs »), je m'imagine parmi eux. Je suis fasciné autant par l'expression féroce du visage que par l'intensité du regard, les yeux exorbités ou la précision des gestes. Cette chorégraphie est un élément fort de leur identité. Ils puisent loin pour obtenir ce moment d'unité. Ils ne font plus qu'un sur le terrain.

25

*Bixente*

Voir cette horde conquérante déferler et tout bousculer recouvre quelque chose de magique. En général, j'accompagne leurs mouvements debout devant mon téléviseur ! Durant la rencontre, je deviens hystérique. Je plaque, je vais à l'essai. Je suis totalement allumé. Un vrai Maori de salon ! Août 2005, avant un match contre l'Afrique du Sud. Le haka version plus agressive, le *Kapa o Pango*, conduit par l'arrière et capitaine Tana Umaga, provoque une polémique : lors du dernier geste, les joueurs simulent l'égorgement de l'adversaire. Ce n'est pas si grave. Ah, si les guerres modernes pouvaient se cantonner à des confrontations entre équipes de rugby et les signes extérieurs de combativité se limiter au haka... Le rugby est un sport de combat, qui comporte ses propres règles. Pas besoin de machette, ni de couteau. On a beau s'étriper sur le terrain, c'est bien d'amitié qu'il s'agit au moment de la troisième mi-temps. La pugnacité est exacerbée mais contrôlée. Le rituel du haka permet d'expulser l'agressivité sans évidemment ne tuer personne. L'homme a un instinct animal. Il éprouve le besoin vital de se confronter à l'autre.

Au-delà de tout ça, il y a une philosophie du jeu, un respect des traditions, un état d'esprit et une image qui représentent tout ce que j'aime dans les sports collectifs. Voilà pourquoi j'aurais voulu être un All Black, même si ça demeurera un rêve.

Participer aux Jeux olympiques est un autre de mes fantasmes. Avec l'équipe de France espoirs, nous avons raté sur le fil notre qualification pour les JO de

## Je rêve d'être un Black

Barcelone en 1992. Cela a longtemps été une frustration. Pourtant, tout n'est pas perdu. Mon dernier délire serait en effet de m'inscrire aux Jeux d'hiver de Vancouver en 2010. Je me vois déjà concourir à l'épreuve de skeleton, couché à plat ventre sur ma petite planche, lancé à 120 kilomètres/heure. Ce sport, comme le bobsleigh, se pratique dans un couloir de glace. Le plus rapide en bas de la piste a gagné. Invité l'hiver dernier aux Etoiles du sport, à la Plagne, j'ai eu l'occasion de m'exercer dans la discipline. En compagnie des rugbymen Christophe Dominici et Sylvain Marconnet mais aussi du champion du monde de freeride Guerlain Chicherit, je me suis offert de belles sensations en participant à six descentes. Dans les virages, j'avais la sensation de bouffer la glace tellement j'étais écrasé ! J'ai adoré : un sport de « givré » !

Je réfléchis sérieusement à un programme d'entraînement, en vue, pourquoi pas, de disputer les qualifications des championnats de France ! Le skeleton n'est pas qu'une lubie. J'ignore si j'irai au bout de mon projet mais j'y cogite. En attendant, les Jeux sont encore bien loin !

J'aurais également aimé explorer les océans avec le commandant Cousteau. Initié à la plongée à dix ans par mon père, qui la pratique depuis ses vingt-huit ans, j'ai passé des heures à regarder les reportages de l'homme au bonnet rouge. Le désir de ressembler aux membres de l'équipage de la *Calypso* était si fort que, sur mes palmes, mon masque et ma combinaison noire, j'avais, comme eux, collé de l'adhésif jaune.

Des morceaux de rubans apparaissaient partout. Hasard du destin, j'ai récemment fait la connaissance, à Rodrigues, d'Albert Falco, le capitaine du navire la *Calypso*. J'étais fier comme un gamin de me faire prendre en photo avec le fidèle lieutenant de Cousteau, dont celui-ci disait : « Falco m'a prêté ses yeux. »

En football, j'ai du respect pour beaucoup. Mais mon joueur favori était Alain Giresse, le meneur de la grande époque des Girondins, auxquels il est resté fidèle seize ans. Ce membre du « carré magique » de l'équipe de France, qu'il conduisait avec Michel Platini, incarne aussi un symbole fort à Bordeaux. J'ai de l'estime pour Giresse. Le Brésilien Pelé, lui, symbolise l'Everest. C'est un dieu du foot, essentiellement au rayon de l'imaginaire : je l'ai peu vu jouer. Modèle dans le jeu, l'Argentin Diego Maradona savait exécuter des gestes techniques que j'aurais voulu être capable de réaliser, d'autant que j'ai débuté comme attaquant. Je partageais alors sa vivacité et sa patte gauche, mais pas son talent. L'homme, lui, s'est malheureusement perdu en cours de route, comme certains.

Mais, dans mon enfance, je n'avais qu'un véritable modèle : Björn Borg. Je décryptais tous ses matchs sur la terre battue de Roland-Garros, dont il a brandi le trophée à six reprises. Puis j'essayais de reproduire ses gestes. Borg, ma référence, mon dieu vivant. Mon admiration virait au mimétisme. Enfin presque... Comme lui, je jouais le revers à deux mains. Son lift, son passing-shot, ses amortis, son jeu de fond de court : tout était bon à prendre. Du coup, j'étais nul à la volée. Je liftais tellement fort dans la balle que le cordage n'arrêtait pas de casser. Au goût de ma mère, mes raquettes avaient une durée de vie vraiment trop limitée ! Je portais la chemise Fila de Borg, le poignet de Borg et le bandeau bien serré de Borg. J'avais demandé à ma grand-mère de me tricoter un débardeur en laine ressemblant au sien. Je m'étais empressé de l'enfiler. Un look de vainqueur ! Jamais je ne me suis tant identifié à un autre sportif. Plus sérieusement, sa concentration a été une source d'inspiration. Dans les catégories jeunes, j'ai gagné de nombreux tournois, dont celui des Raquettes, à Bordeaux. Classé 30 à onze ans, je figurais parmi les espoirs de la région. J'ai même eu droit à une photo pleine page dans le mensuel *Tennis Aquitaine* : consécration !

Cela peut paraître étrange mais j'ai longtemps hésité entre le football et le tennis, pressé de rejoindre Borg, cet extraterrestre. Jusqu'à ce que je sois remarqué par les Girondins.

On prêtait au Suédois des traits qui me fascinaient : déterminé au point de sembler dur, concentré au point de sembler froid, discret au point de sembler distant, fier au point de sembler antipathique. Pour moi, Borg n'avait pourtant pas des allures de monstre polaire, à la différence par exemple d'un Ivan Lendl. Dans mon jeu, je me suis inspiré de la concentration de Borg.

En admiration devant lui, j'avais son meilleur ennemi John McEnroe en horreur. Le comportement irascible sur le court de l'Américain m'était insupportable. Certes, le sport est aussi un show, mais je ne supporte pas les sportifs usant de la provocation pour tenter de déstabiliser leur adversaire. Pour être performant, j'avais besoin d'être focalisé sur un minimum de choses : la pelouse, le ballon, l'adversaire. Je m'interdisais de parler à mon adversaire ou à l'arbitre, de communiquer avec le public. C'était aussi une façon de se protéger d'une foule parfois très hostile. A ce niveau, en tant que défenseur, la moindre perte de concentration peut se révéler fatale. Pour être entièrement au service de la compétition, je m'étais constitué un blindage. Une bulle dans laquelle je m'isolais. Mon objectif était de ne pas perdre un duel. Cela a sans doute contribué à construire mon image de « joueur ténébreux ». Dans mon jeu, sur le terrain, cela peut sembler étonnant mais je me suis inspiré de la concentration de Borg.

Il avait cette capacité à faire abstraction du reste, même si celle-ci cachait, on s'en est rendu compte plus tard, une sensibilité et une fragilité exacerbées. Son histoire aussi m'a touché et probablement rendu plus vigilant encore sur mon entourage, ma vie après le foot.

# 5

## *La basquitude*

J'aime cette expression. Elle est très symbolique. C'est un mélange de « basque » et « attitude ». Un témoignage de mon enracinement plus qu'une couleur politique. Dès que je retourne au Pays basque, je suis submergé par la même émotion. Je me sens en paix dans ce refuge. J'en connais par cœur les recoins, les couleurs, les paysages. Je suis né à Saint-Jean-de-Luz, j'ai vécu entre joie et insouciance dans la maison familiale à Hendaye jusqu'à quatorze ans. L'âge où j'ai rejoint Bordeaux, à deux cents kilomètres. Mais je revenais chaque week-end. J'en avais un irrépressible besoin. Juste pour en sentir l'odeur et l'âme.

Etre en phase avec un lieu sur la terre obéit à une question de fréquences. Notre corps dispose d'un récepteur et réagit différemment selon l'endroit où il se trouve. J'y crois beaucoup. Moi, c'est au Pays basque que je suis en harmonie. C'est mon identité. Ma terre. Comme certains Basques d'antan, je me suis expatrié. A l'époque, des bergers étaient partis faire fortune aux Etats-Unis et en Amérique du Sud. Des pêcheurs s'étaient installés au Canada et à Saint-Pierre-et-Miquelon. L'un de mes grands-oncles appartient à cette lignée. Il était forestier. Nous l'appelons l'Américain. Peut-être me surnommera-t-on l'Allemand après mes huit ans et demi au Bayern Munich ! J'ai souffert de ne pas vivre au bord de l'eau. Mais je n'aurais pas pu accomplir une telle carrière en restant aux Girondins.

Le Pays basque se compose de sept provinces. Quatre au Pays basque espagnol ou Pays basque sud (Hegoalde) : la Navarre, l'Alava, la Biscaye et le Guipuzcoa. Trois au Pays basque français ou Pays basque nord (Iparalde) : la Basse-Navarre, le Labourd et la Soule. Mes grands-parents paternels sont d'origine basque espagnole. Lui (Juan Lizarazu) natif de Fontarabie (Guipuzcoa), elle (Juanita Leiza) d'Arranas (Navarre). Ils sont venus à Hendaye avant la guerre civile pour trouver du travail, ce qui explique aussi le respect qu'ils ont gardé pour la France.

Hendaye, première ville française après la frontière. Mon grand-père a monté son entreprise de menuiserie-charpente. Mon père, l'un de ses quatre enfants, en a assuré la succession. Nous vivions au deuxième étage de la maison, mes grands-parents au premier. Le rez-de-chaussée était occupé par l'atelier.

Ma grand-mère maternelle (Bittorine Gonzalez) vient de Guipuzcoa. Son mari (Michel Goya), lui, était natif du Labourd, au Pays basque français. Dans ma jeunesse, la frontière était pour moi une réalité tangible. Lorsque, avec les copains, nous faisions des virées en Espagne, l'ambiance pouvait être tendue. Elle se traduisait par des provocations récurrentes, des pneus crevés, des bagarres en boîtes de nuit ou des voitures brûlées. Autant dire que, à cette époque, il existait un réel décalage entre les Pays basques espagnol et français.

La question basque est complexe et les amalgames réducteurs. On l'aura compris, je suis basque français. Mon identité est là, sans arrière-pensée politique. Le Pays basque espagnol n'est pas dans la même logique historique, politique, voire culturelle, à cause du franquisme. Ça change tout et cela explique beaucoup !

Mais, malgré la situation politique nébuleuse, la stupidité de certains comportements et la différence importante entre le Pays basque français et le Pays basque espagnol, cette bande de terre me rend heureux et fier. Je l'ai ardemment glorifiée et les médias ont souvent joué sur mon enthousiasme.

Le 19 mars 1996, Bordeaux réalisait le plus grand exploit de son histoire européenne. Devant plus de 30 000 spectateurs, nous avons éliminé le grand Milan AC en quarts de finale de la Coupe de l'UEFA, effaçant par un 3-0 la défaite (2-0) subie à San Siro quinze jours plus tôt. Dans l'euphorie, un supporter avait pénétré sur la pelouse. Il avait entre les mains le drapeau basque, l'Ikurrina, une croix blanche et une oblique verte à travers un fond rouge. Il me l'avait tendu et nous avions effectué un tour d'honneur. L'image a fait le tour des télévisions.

Le public, ce soir-là, avait été extraordinaire. Il

nous a aidés à nous transcender. Dans le couloir menant au stade, les clameurs étaient telles que j'en avais les larmes aux yeux. Mais mon geste n'était que symbolique. C'était juste un moment de partage et de fierté. Comme moi, beaucoup de Basques étudiaient à l'université de Bordeaux et supportaient les Girondins, le club de l'Aquitaine. Je les reconnaissais aux nombreux drapeaux qui flottaient sur Lescure.

Il me semble logique, en tant que Basque, Français et Aquitain, de supporter les Girondins, même si, lorsque j'étais gamin, mon père encourageait aussi la Real Sociedad. Les premiers matchs auxquels j'ai assisté se sont d'ailleurs déroulés au stade d'Atocha, remplacé en 1993 par celui d'Anoeta.

La Real Sociedad est l'équipe de San Sebastian. A l'époque, elle avait fière allure, remportant le championnat deux saisons de suite, grâce notamment aux arrêts à répétition du gardien Luis Arconada. Mon père m'avait invité à deux confrontations de Coupe d'Europe. L'ambiance était festive. Nous allions manger des tapas avant et après la rencontre. Il y avait aussi des fouilles aux abords du stade. La police contrôlait tout le monde : l'ETA frappait et les coups de filet sur des membres présumés de l'organisation séparatiste étaient fréquents.

A douze ans, le 24 juin 1982, j'étais dans les tribunes de Valladolid pour vivre mon premier match de Coupe du monde. Mon père avait obtenu des billets. La France, guidée par son capitaine Michel Platini, se mesurait à la Tchécoslovaquie. Un souvenir diffus. Je me rappelle du score, un but partout, et du sauvetage sur sa ligne, de la tête, signé Manuel Amoros. Sans ce dégagement, les Bleus étaient éliminés. En short et tee-shirt, j'avais trompé la vigilance des policiers et je m'étais faufilé près des vestiaires. Audace sans conséquence : j'étais trop effarouché pour oser demander un autographe.

Plutôt que de réclamer les signatures, je préférais « faire » du sport. Entre le triangle Hendaye, Saint-Jean-de-Luz, Ciboure, je pratiquais aussi bien le football que la pelote, le beach-volley, le tennis ou le surf. Ecole de voile et plongée l'été, ski dans les Pyrénées l'hiver. Une période d'insouciance, ponctuée de fêtes avec les copains.

J'aime profondément le Pays basque mais je n'ai jamais éprouvé la nécessité de revendiquer mon appartenance de manière politique. La fidélité n'emprunte pas, pour moi, ce chemin.

Après avoir navigué dans différents endroits du monde, j'ai pris conscience de la putain de qualité de vie que l'on a dans ce pays. Rien ne me permet de penser que l'existence serait meilleure si mon Pays basque devenait indépendant.

Je m'évertue à perpétuer la culture basque, notamment avec mon fils. Je souhaite lui apprendre à aimer cette terre, entre mer et montagne. Je voudrais qu'il s'imprègne du souffle de l'Haize Hegoa (vent du Sud), des embruns et de la houle de l'océan Atlantique. Qu'il s'éblouisse de ces lumières et de ces paysages. Que l'endroit devienne important pour lui aussi, qu'il ne soit pas seulement le lieu d'ancrage de sa famille et de son père. Le temps venu, Txim fera son choix.

## Bixente

Mon seul regret est de ne pas parler basque, à la différence de mes grands-parents. La transmission de la langue s'est malheureusement arrêtée à mon père. S'exprimer en basque à l'école était alors interdit ou mal vu, comme tout ce qui avait trait à l'identitaire. Je ne suis pas le seul dans ce cas. Ma génération a été sacrifiée. J'ai toutefois tenté, en vain, de prendre quelques cours à Bordeaux. Le football m'a ensuite trop accaparé pour continuer.

Parfois dans les villages, lorsque j'entends des discussions en basque, je suis frustré car j'aimerais comprendre, participer. Malgré cela, je reste en adéquation avec la philosophie, les valeurs et l'art de vivre propres à la basquitude. Je suis heureux que, aujourd'hui, cette langue soit à nouveau pratiquée dans les écoles.

Joueur, je profitais de chaque moment de liberté pour revenir au Pays basque. Cela me permettait de déconnecter complètement. Je changeais totalement de vie et de rythme. Plus d'ordinateur, plus de téléphone. Je refusais d'avoir des obligations, de subir des privations, sachant que c'était mon quotidien au Bayern. Ma journée était calquée sur les volontés de la mer et du soleil. Sur l'eau, j'étais injoignable donc totalement libre.

De retour à la maison, j'avoue qu'il m'arrivait même parfois, pour filtrer les appels, de me faire passer pour ma secrétaire imaginaire. Je l'avais baptisée Candice et elle avait une voix très sensuelle... « Non, Bixente n'est pas là, mais je peux prendre un message », répondais-je en triturant ma voix Et ça marchait ! Ou alors je prenais mes rendez-vous en prévenant que, s'il faisait beau et qu'il y avait des vagues, il serait annulé. Je sais, ce n'est pas très sérieux. C'est une attitude de branleur mais j'avais si peu de temps pour en profiter... Certains en ont gardé de l'amertume, frustrés que je ne leur consacre pas le temps de mes rares heures de liberté. Même des membres de ma famille ou des copains ne comprenaient pas combien ces moments, seul en mer, m'étaient indispensables. Mes amis proches l'ont, eux, parfaitement accepté.

Au Pays basque, les mois de mai, juin, septembre et octobre sont les plus agréables. Sortie en bateau matinale, déjeuner au bord de la mer. Quand l'hiver arrive, c'est la neige et le ski dans les Pyrénées toutes proches. Un pays de cocagne. Mais il peut aussi pleuvoir des trombes d'eau en été. Cela calme les ardeurs des visiteurs et modère le succès de ce petit coin de paradis.

Le Pays basque s'apprivoise avec patience. Conquérir la confiance des gens n'est pas facile. Mais, une fois obtenue, c'est pour la vie. Pour un enfant du pays comme moi, il était évidemment inconcevable de ne pas y installer mon camp de base. *Etxea*. La Maison. C'est tellement symbolique dans la culture basque. A trente-sept ans, je concrétise un rêve en vivant dans ma maison à moi, à l'endroit que j'ai choisi. Cela paraît absurde mais, en joueur professionnel, le quotidien d'un expatrié, ponctué de déplacements permanents, ne permet plus d'avoir de repères. Les chambres d'hôtel finissent toutes par se ressembler.

## Bixente

Ma maison, en réalité, se résumait au contenu de ma valise à roulettes : ordinateur portable, téléphone, revues, bouquins et DVD. Ma vie de footballeur ne m'a jamais permis de connaître ça et d'avoir un refuge où je me sente vraiment chez moi. J'étais à l'Athletic Bilbao quand j'ai fait l'acquisition de ma maison. Je l'habitais uniquement pendant les vacances. Comme je n'y étais que très rarement, il m'a fallu beaucoup de temps avant d'avoir le sentiment d'y être réellement bien et chez moi. Si j'effectue aujourd'hui de fréquents déplacements à Paris, je reste aussi souvent que possible dans ma tanière. Je m'en extirpe pour profiter des vagues. Le soir, je rentre les yeux explosés, le regard vide. Mais heureux. Je reçois beaucoup. J'aime quand ça vit, quand ça bouge. Que ce soit simple et agréable, avec de vastes tablées, un barbecue, du bon vin, du soleil, mon amoureuse, mes amis, mon fils qui s'éclate avec ses copains. Des guitares qui traînent et des chansons que l'on entonne jusqu'au bout de la nuit. Des conversations où l'on refait le monde. Avant qu'on ne finisse tout nus dans la piscine ! Voilà, c'est ça, ma « maison du bonheur ».

# 6

## Numéro 3, côté gauche

Je suis un gaucher contrarié. Contrarié par mon père, menuisier-charpentier. Il espérait au début, sans conviction, que je reprenne l'entreprise familiale. Or les machines pour ces métiers manuels sont calibrées pour les droitiers. C'est pourquoi il m'incitait à me servir de cette main, par exemple à table ou avec un stylo. Un geste antinaturel. Aujourd'hui encore, au tennis, je tiens ma raquette de la main droite. A la pelote basque, je suis uniquement gaucher. Au football aussi. Mon autre pied me servait exclusivement à monter dans le bus ! L'inverse s'applique à mon frère : gaucher de la main, droitier du pied. Nous sommes un peu déséquilibrés et perturbés dans la famille !

Ma carrière a démarré sur l'aile. Gauche, évidemment. De l'autre côté, je me sentais bancal. D'ailleurs, aucun entraîneur ne s'y est risqué. J'ai effectué ma formation en attaque. Mais j'ai débuté comme milieu offensif en première division, lancé par Aimé Jacquet en novembre 1988. J'avais dix-huit ans et je remplaçais en cours de match Zoran Vujovic. Bordeaux était mené 3 à 0 à Caen, le score n'a pas changé. Sur un centre, j'ai mis un plat du pied gauche. Le ballon est passé près de la cage. J'étais fougueux, je courais dans tous les sens. J'allais au contact, fier et turbulent, comme un taureau dans l'arène. Au point que, la semaine suivante à Sochaux, j'avais percuté sur un ballon chaud leur gardien Gilles Rousset, perché à 1,95 mètre. Il m'avait engueulé. Il avait dû se dire : « Mais qu'est-ce qu'il lui prend à ce petit jeunot ? » Cela frisait l'inconscience de ma part.

La bascule s'est opérée quand notre président, Claude Bez, a limogé Aimé Jacquet. Didier Couécou lui a succédé. « Je voudrais que tu recules », m'a-t-il demandé. Ancien attaquant à Nantes, Marseille et Bordeaux, il m'a proposé d'évoluer arrière gauche, avec une vocation offensive. Un drôle d'instinct visionnaire a guidé Couécou. Pour être titulaire, j'aurais tout accepté, même jouer gardien de but. J'ai rapidement éprouvé du plaisir à ce poste, plutôt neuf dans le football. Il me permettait de ne pas abandonner toute expression de mes qualités de contre-attaquant. C'est là que j'ai commencé à jouer avec mon numéro fétiche : le 3. Mon porte-bonheur. La seule chose avec laquelle j'étais superstitieux. Le 3 m'a suivi tout au long de ma carrière, sauf lorsqu'il était déjà attribué. C'est ainsi qu'à mes débuts en équipe de France j'ai porté le 12, et le 11 lors de ma première saison au Bayern Munich. J'étais un arrière gauche moderne, latéral très offensif créant le surnombre, débordant, centrant et marquant des buts à l'occasion.

Plusieurs saisons, j'ai vécu avec ce déséquilibre. L'usure physique et la perte de fraîcheur générées par mes montées entraînaient d'épisodiques absences à l'arrière. Je me brûlais parfois les ailes. J'ai eu besoin de temps pour me situer, pour oublier mon passé, pour raisonner uniquement en termes de défenseur. Je tâtonnais sur certains matchs.

L'Anglais de l'OM, le fantasque Chris Waddle, n'a pas raté l'occasion. J'étais fraîchement reconverti et il m'a fait souffrir. Une soirée cauchemar, avec contre-pied, feintes de corps, double contact. J'ai dégusté. Waddle, alors au sommet, était imprévisible. Il dribblait intelligemment et a abusé de ma naïveté. J'aurais aimé recroiser sa route vers vingt-cinq ans. L'âge où j'ai apprivoisé mon poste, dosant mes montées offensives pour devenir, je crois, un très bon défenseur. Je me suis étoffé physiquement, j'ai peaufiné mon agressivité, ma rigueur, mon énergie, ma discipline. Je me suis programmé comme un défenseur. Avec, au final, un profil entre le style prudent de l'Italien Paolo Maldini et celui plus aventureux du Brésilien Roberto Carlos.

Ce n'est pas un hasard si les meilleurs tacticiens, les stratèges du jeu et donc les capitaines occupent des postes à vocation défensive. La réflexion se bâtit là. De derrière, on voit tout : placement des partenaires, mouvement des blocs adverses. L'attaquant aspire juste à avoir le ballon et à marquer. Je n'éprouvais aucune frustration à moins apporter le danger devant.

Notre corporation repose sur l'abnégation et le sens du combat, des valeurs dont je me sens proche. Chacun de nos gestes tend vers l'efficacité. Sinon, la sanction est immédiate. Nous sommes moins débridés et égoïstes que les attaquants. Le buteur est un soliste. Il est mentalement plus faible, plus irrégulier. Il a moins l'esprit d'équipe mais a un rapport plus prégnant à la création, ce qui est aussi excitant. Son côté nonchalant, le beau geste pour le beau geste, au détriment de l'efficacité, m'exaspère aussi parfois.

Au moment des récompenses individuelles, le défenseur est rarement honoré. Peu importe. J'estime logique que l'attaquant attire davantage la lumière. Notre job est plus ingrat, plus laborieux. Mais c'est le jeu. Il faut bien des défenseurs pour donner la contrepartie aux attaquants ! Et puis le public veut du spectacle.

L'alchimie avec le milieu gauche ne se décrète pas. Sur mon côté, j'ai tissé des liens. J'ai été meilleur lorsque j'avais des affinités véritables avec le joueur devant moi. Mon duo avec l'international danois Jesper Olsen, à Bordeaux, en est l'illustration. L'entraîneur, Raymond Goethals, nous avait surnommés les moustiques ! Je faisais un appel, Olsen me remettait la balle. Nous attaquions et défendions ensemble, à la fois arrière gauche et milieu offensif.

Quand tu es latéral, c'est bien gentil de monter mais si personne ne compense ton absence et que tu te retrouves pris en défaut, ce n'est plus la peine d'insister. Seul sur le côté, cela se révèle injouable. Impossible d'attaquer et de défendre en permanence.

## Numéro 3, côté gauche

Avec certains, je ne me risquais même pas à monter : je savais pertinemment que je ne reverrais pas le ballon. Faire des courses dans le vide est insupportable. Une fois, ça va. Ensuite, démerde-toi ! Chacun son boulot. Mais ce n'est pas bon signe lorsque cela évolue de cette façon dans une équipe.

Cette mécanique des fluides est pourtant importante pour être plus efficace dans le jeu collectif. Avec Ziz, Duga, Olsen et Ze Roberto, c'était tout l'inverse : chacune de mes courses était récompensée.

# 7

## *Frères d'océan*

Je suis le grand frère. Bébé de 3,6 kilos, Sagittaire ascendant Gémeaux, je suis né le 9 décembre 1969 à Saint-Jean-de-Luz. Peyo, traduction basque de Pierre, a agrandi le cercle familial six ans plus tard, lui aussi sur les rives de la Bidassoa. Il a été mon souffre-douleur. Je me comportais parfois avec lui en vrai sadique ! Il hurlait sans cesse tellement je passais mon temps à l'embêter. Des cris si stridents et répétés qu'ils lui ont provoqué un problème aux cordes vocales ! Je lui faisais par exemple croire que j'allais lui cracher au visage. Je prenais mon élan, puis, au dernier moment, je m'arrêtais. Six ans d'écart, c'est beaucoup.

Etre le petit frère n'a, j'imagine, rien d'évident. Quand il a commencé le foot, il a été pas mal emmerdé ! Il n'était pas maladroit, élu notamment meilleur jeune d'un tournoi à Monaco. Pour éviter d'essuyer de sempiternelles comparaisons, Peyo a lâché le foot pour jouer au rugby. Trois-quarts centre, il a frayé avec le haut niveau, à Bègles-Bordeaux, en première division. Il a été présélectionné en équipe de France juniors. Mais la compétition ne l'intéressait pas. Il a décidé sans regret d'en faire le deuil. Il s'est tourné vers le surf, version grosses vagues, le *big wave riding*. Pas d'adversaire à battre mais de sacrés défis à relever. Je comprends son approche. Sa vision est plus globale, en harmonie avec la nature. Plus équilibrante, sûrement.

Nous partageons la même passion pour la mer ; elle apprend à repousser ses propres limites tout en sachant que l'on ne peut jamais la battre. Il ne nous est pas rare, aujourd'hui, de surfer ensemble. Sans nous concerter, nous nous retrouvons par hasard sur les mêmes spots, aux mêmes moments. Nous avons en effet des informations identiques sur la météo, la houle ou la marée. Cela m'amuse. Je suis parti au sport-études de Mérignac en septembre 1983, à treize ans et demi. Depuis que Peyo a une vingtaine d'années, nous avons rattrapé le temps perdu. La vie d'adulte nous a rapprochés. Pirogue, voile, surf, VTT, pelote : les activités en commun sont légion.

D'autres projets devraient nous réunir. Sur le modèle du trip de surf que nous nous sommes offert aux îles Mentawai. Une destination féerique au large de Sumatra, en Indonésie, découverte par des surfeurs australiens. Nous avons passé dix jours sur un bateau, au rythme des marées et de la nature. Les vagues y étaient généreuses et tubulaires. J'aurais aimé rester plus longtemps. Etre dans l'eau me ressource. Je suis touché par la grâce de la mer. Je m'y sens en confiance, alors que les dangers sont nombreux. Dans l'élément liquide, je suis moi. J'aimerais pouvoir rester cinq heures en apnée. En plongée, j'ai envie de jeter les bouteilles. J'ai prévu de m'engloutir un jour avec Loïc Leferme. Il a promis de m'initier. L'apnéiste est recordman du monde en *no limit* : fin 2004, il est descendu en rade de Villefranche-sur-Mer à 171 mètres de profondeur. Je ne suis pas de la génération *Grand Bleu*, car j'étais amoureux de la mer avant de découvrir le film, mais l'idée de se déplacer sous les flots sans avoir besoin d'oxygène est un doux rêve.

Je suis fier de Peyo. Fier de son boulot chez Quiksilver où il est entré en 1995, trois ans après son bac avec mention. Fier de lui quand il surfe, lui l'ancien champion d'Europe espoir de la discipline. Il a trouvé sa voie dans ce sport, dont il a atteint le très haut niveau. Peyo est un grand, un vrai *water man*. Il s'inscrit dans la tradition hawaiienne, à l'image d'un Laird Hamilton, le plus grand surfeur de grosses vagues au monde, et de Brian Keaulana, mythique lifeguard.

L'eau n'a pas de secret pour Peyo. Il a même été l'un des premiers, avec son coéquipier Max Larretche, à surfer Belharra. Un exploit. A l'époque la plus grosse vague d'Europe jamais domptée. Il a gravi une sorte d'Everest, avec cette vague dantesque qui se lève en pleine mer, entre Saint-Jean-de-Luz et Hendaye. Il a réussi ce que beaucoup d'aventuriers de l'extrême avaient rêvé.

La taille de la vague dépasse les treize mètres. Elle est dangereuse, gloutonne. En cas de chute, tu peux être au choix assommé, broyé ou te noyer ! A l'époque, Peyo vivait chez moi. On y voit Belharra déferler à l'occasion des grosses dépressions hivernales. Pendant presque quatre ans, il a observé méticuleusement cette vague. Un jour de tempête d'hiver, il s'est dit que le coup était peut-être jouable. En mars 2003, avec des potes – seul, la tentative aurait été trop risquée –, il s'est lancé. Et a ouvert la voie. Accomplir quelque chose qui n'a jamais été réalisé procure une sensation géniale.

Il est aussi l'un des meilleurs spécialistes français du stand-up, cette nouvelle discipline venue d'Hawaii et dérivée du surf, qui consiste à rester tout le temps debout sur la planche ou à utiliser une pagaie pour se déplacer. A l'inverse de Peyo, j'ai la compétition dans le sang. J'aime être confronté à un adversaire. J'ai entretenu ce goût du combat à l'entraînement. Mais il convient d'être équilibré, tant la compétition est violente par nature. Elle rend agressif. Après un match, j'étais incapable de m'endormir avant trois ou quatre heures du matin. En revanche, un après-midi de surf me transforme en être si zen que, à peine allongé sur mon lit, je m'endors instantanément. Avec aux lèvres le sourire béat de l'idiot du village.

J'ai pourtant manqué de disparaître trois fois avec ma planche. La première en tombant d'une vague de trois mètres pas très grosse mais vicieuse. En plus d'avoir l'impression d'être dans le tambour d'une machine à laver, lorsque la vague déferle, elle se transforme en un mélange d'air et d'eau appelé la mousse. Dans ce mélange, il est impossible de remonter à la surface car tu ne bénéficies d'aucun appui. Il faut attendre et parfois cela semble très long. C'est ce qui m'est arrivé. Malgré mes efforts, j'étais coincé sous l'eau. J'ai eu un voile noir, comme un court-circuit. Je suis finalement revenu à la surface à bout de souffle. Malheureusement, comme si je n'avais pas compris la leçon, une deuxième vague m'a réservé le même traitement. A la troisième, je me suis dit que si je replongeais, je ne m'en sortirais pas. Dans un instinct de survie, j'ai agrippé ma planche. La vague m'a catapulté. Après quelques secondes de montagnes russes, j'ai enfin pu maîtriser la trajectoire pour me retrouver sur la plage de Guéthary. Je suis resté vidé vingt minutes, allongé sur le sable. Et je suis reparti à l'eau. Comme après une chute de cheval, il faut remonter tout de suite, sinon...

Une autre fois, à la Réunion, le leash – cette « corde élastique » qui relie le pied du surfeur à la planche – est resté accroché au corail. Là encore, j'étais bloqué sous l'eau, plaqué au fond par le courant. Je suis finalement parvenu à me libérer. J'en ai été quitte pour une belle frousse. La troisième fois, mon leash a cassé. Sans sa planche, on se sent moins en sécurité. J'étais dans une zone assez chaude, où j'ai ramassé une dizaine de vagues dans la tronche. J'étais tellement cuit que j'ai dû demander à un autre surfeur de m'accrocher à sa planche pour récupérer, puis regagner la plage à la nage. Ma planche, un nouveau leash et, dix minutes plus tard, j'étais reparti pour un tour.

De telles expériences, tous les surfeurs peuvent en raconter. On pourrait écrire un livre sur Guéthary, ma vague préférée, qui peut être à la fois le paradis et l'enfer... Pourtant, on y revient toujours, comme une envie irrésistible.

*

Si dévaler les pistes de ski l'hiver me fuselait des jambes en béton pour la seconde partie de saison, le surf a développé une musculature du haut inhabituelle chez les footballeurs. La pratique intensive de ce sport a favorisé chez moi un capital physique tout-terrain. En plus d'être apaisant, le surf ne m'obligeait pas à m'astreindre aux séances de musculation de début de saison. Soulever des haltères : très peu pour moi. Je trouvais cela rébarbatif.

Le surf m'a formé physiquement. Je pesais 64 kilos lorsque j'ai commencé, j'en fais onze de plus aujourd'hui. La densité musculaire doit être génétique chez les Lizarazu ! Une photo de mon père à vingt-cinq ans sur une planche ou une de Peyo, encore plus épais que moi, et l'évidence saute aux yeux. Question d'éducation et de culture sportives.

Aux Girondins, il n'était pas rare, l'après-midi d'un entraînement, que je m'éclipse en cas de beau temps. Au programme : surf et voile. Même après le décrassage, je filais dans l'eau. La veille d'une rencontre, il m'est parfois arrivé, pour me détendre, de partir de Bordeaux à dix-huit heures. Une heure plus tard, j'étais à Cap-Ferret, j'enfilais ma combinaison et je me défoulais sur ma planche jusqu'à l'épuisement.

Le surf est pour moi essentiel. En abordant de grosses vagues, je retrouve les sensations d'avant-match. Sentir mon ventre se nouer me rappelle les montées d'adrénaline qui m'agitaient lorsque je remontais le couloir qui mène à la pelouse d'un stade surchauffé. Et puis observer les couchers de soleil depuis ma planche à Guéthary confine à la magie.

J'aime aussi le surf pour les rencontres qu'il m'a permis de réaliser. J'ai ainsi eu le privilège de fêter le huitième titre de champion du monde de Kelly Slater, conquis à Mundaca, et fêté à Bidard avec toute la famille Quiksilver, dont je suis l'un des ambassadeurs. L'Américain est considéré comme le meilleur surfeur de l'Histoire. Son compatriote Laird Hamilton n'est pas mal non plus. Installé à Hawaii, ce surfeur de l'extrême venait de traverser la Manche debout sur un paddle-board, quand il a été invité à « Jour de Sport », sur Canal+ Sport. Lionel Rosso m'avait convié sur le plateau et j'avais dîné avec Laird après l'émission.

Mon amitié avec Guy Forget a également démarré en combinaison. Nous surfons souvent ensemble au Pays basque, où il possède une maison. L'été dernier, nous sommes partis trois semaines en Indonésie, sur une île secrète. Nous avons pratiqué le surf jusqu'à l'épuisement. Nos échanges, d'ordinaire profonds, prennent autour du surf un ton plus technique, incompréhensible pour un profane : « Est-ce que le vent est offshore ? » « Il y a une grosse dep au large de l'Islande ! » « Quelle est la hauteur de la Bouée d'Arcachon?» «Tu prends quelle planche, ta 7.2 ou ta 7.8?» Nous avons même fait installer dans nos maisons une station météo personnelle. Deux vrais malades mentaux!

Dans le genre, Frank Bruno est aussi très bien. Fils de plongeur professionnel, il est lui-même moniteur de plongée et sauveteur en mer. Il exerce en Corse et possède sa propre école. Etonnant personnage, qui dort dans son bateau, amarré sur l'archipel des La-vezzi, à dix kilomètres au large de Bonifacio. A dix-huit ans, durant son service militaire, un avion de chasse lui a broyé la jambe droite sur le pont d'envol du porte-avions *Foch*. Il est amputé tibial.

Nous nous sommes rencontrés en Corse en juillet 2002. J'y passais des vacances et je commençais à tourner en rond : les vacances allongé sur une ser-viette de plage ne sont pas faites pour moi. Je me suis mis à rechercher un club de plongée et, en faisant le tour du port de Bonifacio, on m'a aiguillé vers lui, m'expliquant qu'il s'agissait d'un mec spécial mais qu'il était celui qu'il me fallait. Après notre première plongée et notre premier thé au jasmin, j'ai compris que nous avions beaucoup de choses à partager : notre passion pour la mer et un immense appétit de vivre.

En tant que sportif dont le corps est l'outil de tra-vail, j'ai été particulièrement touché par sa rage de vivre et d'exister. Frank incarne un message d'espoir pour tous les accidentés de l'existence. Pour accom-pagner de jeunes amputés dans leur parcours d'inté-gration, il a créé son association, « Bout de vie ». Lui-même, en utilisant différents modèles de prothèses, se révèle un excellent sportif : skieur, plongeur, alpiniste, triathlète, footballeur – il garde les buts de l'équipe de Bonifacio et, par intermittence, celle du prince Albert II de Monaco ! Il a gravi le Kilimandjaro, participé à un raid en Antarctique et traversé l'Atlantique à la rame, fin 2005. Soit 5 500 kilomètres, entre les Canaries et Antigua, exploit accompli avec Dominique Benassi, amputé fémoral, huit fois champion du monde de triathlon handisport. Ils ont terminé troisième de la course face à vingt-six bateaux conduits par des équipages non amputés. Respect, messieurs !

En novembre 2006, je suis parti une semaine avec Frank. La planche de surf était dans la soute. Direction l'île Rodrigues, minuscule point dans l'océan Indien, à 650 kilomètres à l'est de Maurice. Avec la barrière de corail à moins de dix kilomètres, des plages de sable fin et des criques aux eaux turquoise, Rodrigues présente un décor de carte postale, encore préservé, dans lequel nous avons plongé : nous étions inscrits à une chasse au trésor sous-marine, le raid « Objectif Atlantide ».

Nous défendions les couleurs de son association, à qui j'essaie de renvoyer l'écho médiatique qu'elle mérite. Le slogan de Bout de vie – une phrase de Sénèque – est beau : « Ce n'est pas parce que les choses sont difficiles que l'on n'ose pas les faire, c'est parce que l'on n'ose pas les faire qu'elles sont difficiles. » Pour ce raid parsemé d'énigmes, nous étions une quinzaine d'équipes engagées. Des commandos de la Marine nationale l'ont emporté devant des pompiers professionnels de Paris, dont le boulot consiste notamment à aller repêcher des cadavres au fond de la Seine. Mon père faisait équipe avec nous. Lorsque je lui ai demandé de se joindre à Frank et moi, il a presque eu les larmes aux yeux. Notre premier voyage père-fils. Il avait déjà plongé à la Réunion et à Maurice, mais jamais à Rodrigues. Cette expérience a renforcé nos liens. Je me suis rendu compte que jamais nous n'avions pu passer du temps ensemble de manière complice et décontractée. Nous avons attrapé des fous rires contagieux. Jamais je ne l'avais vu se marrer autant.

J'étais aussi content que Claire puisse partager ce moment-là. Cette expédition au bout du monde m'a également permis de mesurer combien j'aime la mer, voyager et parcourir le monde. Je suis décidemment un globe-trotter dans l'âme. Au fait, Frank, « la plongée n'est pas un sport, c'est une discipline » !

# 8

## *Pour une mer en bleus*

A Bordeaux, quand Zidane et Dugarry me voyaient débarquer dans le vestiaire du Haillan les pieds mouchetés de grains de sable, ils me prenaient pour un extraterrestre. J'arrivais au centre d'entraînement en direct de la mer. Les gouttes d'eau perlaient le long de la planche, rangée dans le coffre de la voiture. Ils se demandaient si je n'étais pas un peu dérangé. Ils avaient du mal à comprendre car ils sont footeux jusqu'au bout des crampons.

Comme dix-sept des vingt-deux champions du monde, Ziz et Duga étaient présents à mes côtés en novembre 2003 sur la pelouse du stade Jacques-Chaban-Delmas – l'ancien parc Lescure avait changé de nom deux ans plus tôt. J'avais tenu à organiser avec la complicité d'Henri Emile un match de bienfaisance entre les Girondins et France 1998. L'intégralité des recettes avait été versée à « Liza pour une mer en bleu », mon association nouvellement créée avec mon ami Jacques

Bungert, coprésident de Young et Rubicam France, et de Jean Delbouys. J'avais reçu dans cette initiative fédératrice le soutien de Xavier Darcos, ministre délégué à l'Enseignement scolaire, et de Jean-François Lamour, ministre de la Jeunesse et des Sports.

Le but de l'association était et reste de sensibiliser le grand public à la protection des littoraux et des océans. Ils étaient à l'époque souillés par le naufrage du *Prestige*. Le pétrolier s'était brisé en deux un an plus tôt au large des côtes de Galice. En coulant, il avait déversé d'infâmes nappes et boulettes de fuel ; elles échouaient régulièrement sur les plages du Sud-Ouest. Cette marée noire m'avait beaucoup attristé et incité à réagir.

Le match fut un succès. Et un plaisir de se retrouver ensemble dans un stade quitté sur une civière en finale de la Coupe de l'UEFA 1996. L'objectif n'était pas de se substituer aux associations de terrain – petites ou grandes – qui font du bon boulot mais, au contraire, d'élargir leur caisse de résonance et de soutien.

Nous avons financé ou parrainé de nombreuses opérations de terrain avec Surfrider Foundation, comme les campagnes de nettoyage des plages lors des initiatives océanes (2003, 2005, 2006 et 2007).

Nous avons participé à l'opération Tsunami Asie en 2005 avec le ministère des Sports. Et nous avons également aidé des petites associations locales basques réalisant un précieux travail de terrain, telles que Les Amis d'Abbadia pour le nettoyage des criques du parc naturel d'Abbadia à Hendaye ou Adeli pour le nettoyage et la restauration des berges de rivières. C'est par les enfants que nous ferons changer les habitudes des adultes. C'est pourquoi nous sommes aussi actifs sur le plan de l'éducation avec la mallette pédagogique ou l'exposition « Vague et littoral » en partenariat avec Surfrider Foundation. Mais encore avec l'association Altxa Mutillak qui fait aussi de la pédagogie auprès des pêcheurs et des plaisanciers.

Bien sûr, il existe encore bien d'autres sources de pollutions marines qu'il va falloir diminuer ou éradiquer en se posant les bonnes questions : Comment mieux traiter les eaux usées ? Comment améliorer l'efficacité des stations d'épuration ? Comment traiter le problème des engrais et pesticides utilisés abondamment pour l'agriculture et qui finissent dans la mer ? Comment améliorer la propreté des rivières et ruisseaux ? Comment réduire les risques d'accidents des bateaux transportant des produits chimiques ou pétroliers ?

Nous devons tous nous poser ces questions et agir pour réduire la pollution et améliorer la qualité de l'eau, donc la santé de nos océans.

Les surfeurs sont des témoins hélas privilégiés voire de véritables souris de laboratoire puisqu'ils sont dans l'eau toute l'année : eczéma, allergies, otites, sinusites, virus, infections, bactéries diverses, problèmes de digestion. Voilà une liste non exhaustive des maux constatés.

La propreté des océans doit être un combat permanent, le combat de tous, mais je suis optimiste car je vois de plus en plus de maires sensibilisés et actifs quant à ces problèmes.

Ma lutte en faveur de l'environnement est concrète et sincère. J'aimerais pouvoir m'investir plus mais je n'ai pas encore tous les outils et le temps pour ça. J'y travaille ardemment, sans chercher à donner de leçons. En matière d'écologie, il faut rester humble. A moins de rester enfermé dans une grotte, personne ne peut présenter un bilan écologique neutre. Je ne suis pas un extrémiste vert. J'aime déjà l'idée de réduction de la pollution et même celle de compensation à l'image du projet « Action Carbone » de Yann Arthus-Bertrand. J'assume aussi mes contradictions. Comme tout le monde, j'utilise l'avion ou la voiture. Je ne suis pas encore équipé à l'énergie solaire...

Ça ne m'empêche pas pour autant de réfléchir à mon action sur l'environnement et simplement d'essayer de m'améliorer chaque jour dans mes actions avec Liza pour une mer en bleus et dans des petits gestes quotidiens que chacun peut aisément faire.

— Le tri sélectif de mes déchets : une poubelle pour le verre, une pour le plastique et le fer, une pour le papier.

— La réduction de la consommation des ressources naturelles comme l'eau ou des ressources énergétiques comme l'électricité ou le gaz. J'ai par exemple installé une cuve pour récupérer l'eau de pluie et arroser mon jardin.

Cela peut paraître anecdotique ou dérisoire, mais c'est l'accumulation de ces gestes-là qui fera à terme la différence. Mais j'ai encore tant à faire. Nous avons encore tant à faire.

Il ne s'agit pas de culpabiliser les gens dans leur

rapport à l'environnement mais de faire preuve de pédagogie. Ma démarche est apolitique et pragmatique. Et puis arrêtons les hypocrisies. Il est maintenant clair pour tout le monde que si la politique, c'est-à-dire la gestion de la cité, ne met pas en place les moyens d'exercer une citoyenneté responsable, nous allons dans le mur. C'est pour cela que j'ai signé le Pacte écologique de Nicolas Hulot. Toutes ces initiatives doivent se fédérer.

Au-delà des clichés, il faut que tous, de nos enfants à nos parents, et pas seulement en France, nous réapprenions à respecter l'économie du système naturel dans lequel nous vivons. Chacun à sa mesure, chacun avec ses moyens. Laissons les politiques faire leur métier mais soyons vigilants à leur donner les moyens de leurs actions.

L'association Liza pour une mer en bleus s'inscrit dans cette dynamique. Ma notoriété me permet, pour le moment, d'attirer la lumière. A moi d'orienter les énergies sur des actions concrètes qui apportent une pierre indispensable à un édifice gigantesque.

En revanche, je suis parfois surpris par l'attitude des Français dans ce domaine. Toutes les démarches en faveur de l'environnement sont vues de façon très positive par les Allemands. Chez nous la population est toujours plus sceptique, plus négative. Elle cherche d'abord à stigmatiser le mal plutôt que d'apprécier le bien. C'est dommage.

Cet engagement n'est pas toujours très simple à gérer. S'engager, c'est s'exposer aux critiques et prendre des risques.

*Bixente*

Cela serait tellement plus simple de rester tranquillement caché dans ma tanière basque et de me foutre de tout ça.

Mais ce n'est pas moi. J'ai une conscience, un fils à qui j'ai envie d'offrir un monde meilleur. Utopie ?

Peut-être. En tout cas, j'ai décidé de mener ce combat à ma façon, modestement, en mon âme et conscience.

# 9

## *Le triangle magique*

Sur le terrain, Zinedine Zidane, Christophe Dugarry et moi étions les Dalton ! Nous entretenions une véritable complicité. Dans le jeu de passes, nous nous trouvions les yeux fermés, à l'instinct. Zizou était le milieu de terrain rêvé, excellent passeur qui savait jouer simple et faire briller les autres grâce à sa formidable technique. Duga était l'attaquant, très bon dribbleur, athlétique, ne rechignant jamais à aller au mastic. Moi ? Le défenseur contre-attaquant toujours volontaire pour porter le danger devant, avec moins de fluidité dans la gestuelle technique mais un excellent jeu de passe courte et un sens du combat affirmé. Je m'éclatais avec eux. Nous formions un sacré triangle.

Le trio a atteint son apogée chez les Girondins face au Milan AC, l'un des souvenirs les plus forts de ma carrière. Un mémorable 3-0 infligé à la meilleure équipe d'Europe, avec un doublé de Duga. Un joueur incroyable. Techniquement très fort, habile de la tête et doté, sur le plan physique, d'un abattage impressionnant. Je l'ai vu disputer des matchs extraordinaires. Mais je regrette qu'il n'ait pas pu exploiter totalement son potentiel. Il n'a pas eu le petit truc en plus, celui qui, par exemple, a fait de Zidane l'un des tout meilleurs du monde. En termes de talent, ils étaient, dans des styles différents, aussi doués. Je pense que c'est un choix de vie. Duga est un bon vivant. Il n'a pas toujours eu envie de consentir tous les sacrifices. Heureusement il le vit bien, ne nourrit pas de regrets. Mais il aurait pu accomplir de plus grandes choses encore. Des tas de joueurs auraient aimé gagner autant de trophées que lui. Mais, quand je mesure son putain de talent, je ne peux m'empêcher de songer qu'il s'est peut-être un peu dispersé. On a toujours envie que ses amis vivent le meilleur.

Duga a arrêté jeune le football; il avait à peine trente-trois ans. C'est un affectif. Il en avait sans doute ras le bol d'être constamment sur la route, de subir la pression du public et des médias. J'ai beaucoup de tendresse pour lui. C'est génial de le retrouver sur Canal+, où il est un consultant pertinent.

Avec Ziz, notre entente n'est pas artificielle. Elle s'est d'abord nouée dans le jeu. Puis nous avons appris à nous connaître. Dans un univers de compétition interne et externe comme le nôtre, avoir des amis n'est pas évident. Tu dois sans cesse montrer que tu es fort, donc tu renâcles à te dévoiler. D'autant que, comme moi, Ziz est un grand timide.

A Bordeaux, il me prenait pour un illuminé : dès la fin de l'entraînement, je filais surfer. Duga était le footballeur déconneur, moi l'homme de la mer. Et Ziz entre les deux : une vie rangée tout en ayant le goût pour les gens qui le faisaient marrer. J'ai deux ans et demi de plus que lui. J'étais son capitaine. A ses yeux, j'étais le mec posé et réfléchi, avec qui il pouvait discuter. Le grand frère, en somme. L'équipe de France a accéléré notre rapprochement. Dans l'intimité de nos chambres, au centre d'entraînement de Clairefontaine, nos conversations étaient soutenues. Elles dépassaient le cadre du football. Quand il était avec Duga, c'était le délire en permanence. Avec moi, il se montrait plus sérieux. Il était en totale confiance. Un élément essentiel dans la mesure où nous cultivons tous deux le culte du secret. Il se sentait libre. Et vice versa. Il n'avait pas envie de partager ses sentiments avec tout le monde. Nos tête-à-tête étaient intenses. En privé, Zizou peut se montrer très loquace, drôle aussi. Très drôle.

Le joueur et l'homme ne m'ont jamais déçu. Je pense avoir même davantage d'admiration pour l'homme. Un mec sain et émouvant. Etre parvenu à rester naturel compte tenu de son aura est un exploit. Son humilité est réelle, c'est sa force. Pas d'erreur, nous nous comportons en règle générale sur le terrain comme nous sommes dans la vie. J'aime son humanité et sa modestie véritable.

Aujourd'hui, il se cache moins. Il commence à être plus à l'aise, a pris de l'assurance, devenant petit à petit ce qu'il est réellement. Son manque de confiance en public a diminué. Mais, quand il ne maîtrise pas totalement un sujet, il préfère toujours la prudence. Le poids de ses paroles est puissant. Les événements pourraient lui échapper. Etre un dieu du foot n'implique pas de prendre la parole à tout bout de champ, et il le sait. Et puis ses côtés mystérieux et inaccessibles ont accentué son charisme. Il était parfois tellement humble que je lui disais souvent : « Merde, t'es Zidane, quand même ! »

Il est le joueur le plus doué avec lequel il m'a été donné d'évoluer. Ses pieds étaient des aimants. Observer sa conduite de balle relevait du plaisir d'esthète. C'était la beauté du geste en permanence, associée à l'efficacité. Au-delà de son immense talent, il savait sublimer et bonifier ses partenaires. Chaque passe était une offrande, témoignage de sa générosité.

Côté gauche, je m'appuyais sur lui. Je courais dans son dos pendant qu'il protégeait sa balle grâce à des courbes improbables. Puis je fonçais pour recevoir sa passe, dosée au millimètre. Alors lancé, je débordais et centrais devant le but. Nous l'avons fait des milliers de fois.

J'ai même parfois ressenti ce que l'on appelle, dans le sport de haut niveau, le « moment de grâce » : cette impression où tous les gestes deviennent précis et fluides, comme si les actions se déroulaient au ralenti pour nous.

Pendant l'Euro 2004, notre dernière compétition en commun, le sélectionneur l'avait repositionné dans l'axe, vers le centre du terrain. Cela ne m'arrangeait pas. Je préférais quand il penchait à gauche. En matière de plaisir, jouer avec ou sans Zidane n'est pas comparable.

## Le triangle magique

Quand il est arrivé aux Girondins, je n'aurais jamais imaginé qu'il puisse grimper si haut. Il avait de grosses lacunes physiques. Il était parfois si juste qu'il n'arrivait pas à terminer ses matchs. Grâce à la culture physique très développée de la préparation individualisée en Italie – il a rejoint la Juventus Turin en 1996 –, Ziz a énormément travaillé et progressé dans ce secteur. Mais il en a bavé. Dans le Piémont, il a aussi développé son mental, déjà élevé. On le sait moins mais Ziz est doté d'une force de caractère exceptionnelle. Sa discrétion cachait son acharnement et sa volonté de réussir. Il était un remarquable bosseur. Sous des dehors timides et calmes, avec son regard doux, il savait pertinemment ce qu'il voulait. Et là où il comptait aller ! Ziz a su faire fructifier son don. Sur le terrain – c'était son génie –, son jeu apparaissait éminemment limpide. Le regarder jouer devenait une évidence. Il accomplissait le geste que le spectateur imaginait. Sa simplicité était la perfection. Le génie est souvent l'art de savoir faire le geste juste au bon moment, tout simplement.

# 10

## Con comme un footballeur

La faconde et l'accent belge de Raymond Goethals étaient un régal. Surnommé « Raymond la Science », il était l'entraîneur de Marseille quand l'OM a remporté la Ligue des champions en 1993. Il a aussi dirigé les Girondins de Bordeaux. Deux fois. D'abord quelques mois en 1980. Puis une année entre l'été 1989 et le suivant. C'est là où je l'ai côtoyé. Il était passionné par son métier et nous racontait des anecdotes hilarantes en grillant cigarette sur cigarette. Il était tellement concentré qu'un jour de match il s'est levé du banc pour formuler des consignes avant d'aller se rassoir tranquillement sur le banc adverse, sans même s'apercevoir de sa méprise. Un vrai personnage de roman. J'ai rarement connu quelqu'un d'aussi habité par le football. Il ne pensait qu'à ça. Goethals n'a pas survécu longtemps à l'incapacité d'exercer son métier, sa folle passion. Il est mort en décembre 2004, à quatre-vingt-trois ans.

Personnellement, j'ai tenu à ne pas tout sacrifier pour le football. Au moins pour avoir la possibilité de m'en échapper si je n'avais pas percé aux Girondins, où j'ai été recruté à treize ans et demi. J'ai d'abord fréquenté la section sport-études de Mérignac. Nous étions une quarantaine d'élèves au deuxième étage de l'internat. Elève la semaine au lycée Fernand-Daguin, je jouais le week-end avec le centre de formation. Cela ne m'a pas empêché de décrocher mon bac D, l'équivalent aujourd'hui du bac SVT (sciences de la vie et de la terre). J'ai enchaîné par la faculté, à Talence. Jusqu'à dix-neuf ans, comme d'autres sportifs, j'étais logé au CREPS, le centre régional d'éducation physique et sportive. Puis j'ai loué mon premier appartement, en centre-ville de Bordeaux. Un immense vingt mètres carrés : un séjour et une chambre de quatre mètres carrés !

Le football m'accaparait de plus en plus mais je voulais continuer mes études. Il convenait d'être motivé pour mener les deux activités en parallèle. J'ai développé très tôt dans ma vie ce que j'appelle le concept de l'arbre à deux branches : avoir toujours deux solutions et deux directions.

Après des heures d'entraînement à courir derrière le ballon, il était parfois difficile de se plonger dans des notes et des cahiers. La tendance naturelle incline au relâchement. Beaucoup ne sont pas parvenus à cumuler sport et études et ont abandonné leur scolarité avant le bac. Tous ne sont pas, loin de là, devenus professionnels. Pour certains, la reconversion s'est révélée douloureuse. Je voulais à titre personnel tout mener de front. Mes études étaient ma roue de secours. Du coup, entre les Girondins, le sport à la fac et les cours théoriques, mes journées n'en finissaient pas. Malgré tout, j'étais un monstre physique. A dix-neuf ans, on n'est jamais fatigué !

J'ai rendu un mémoire consacré aux « Conséquences des perturbations psychologiques et comportementales sur l'extensibilité musculaire » et obtenu ma licence STAPS (sciences et techniques des activités physiques et sportives). J'ai fréquenté les amphithéâtres. Lors d'un cours sur l'anatomie, nous avions disséqué une cuisse humaine. Le professeur nous détaillait le quadriceps et autres muscles. A côté de nous, deux ou trois cadavres attendaient d'être examinés par des élèves de médecine. Cette expérience m'a marqué. Heureusement, dans mon cas, seule la cuisse était au programme ce jour-là !

J'ai bouclé ma première année de fac sans problème. La seconde, celle du DEUG, a été plus compliquée à négocier : je démarrais chez les pros. La troisième s'est révélée impossible à gérer. Je n'étais pratiquement jamais là. J'ai obtenu ma licence de justesse, à l'arraché. Je récupérais les cours des copains et je potassais à la maison. J'avais prévu, en quatrième année, de passer une maîtrise de management, marketing et économie du sport. Je m'imaginais bien travailler plus tard dans une entreprise à vocation sportive ou pour une marque de sport. Mais, très vite, le football a pris le dessus.

Sur les bancs de la fac, nous avons étudié l'histoire

du sport mais aussi la psychologie, l'anatomie et la physiologie. Ces deux dernières matières étaient mes préférées. J'ai une fascination pour le fonctionnement du corps humain. J'ai gardé le goût pour les termes anatomiques et médicaux un peu particuliers. La bartholinite, par exemple. Savez-vous ce que c'est ? Il s'agit d'une infection qui survient sur les glandes de Bartholin, situées au niveau du tiers postérieur des grandes lèvres de l'appareil génital féminin et dont les sécrétions facilitent la pénétration lors des rapports sexuels ! N'y voyez pas une approche perverse, c'est d'un intérêt exclusivement scientifique !

En psycho, mon prof, également entraîneur de football, parlait un langage si spécialisé qu'il nous obligeait à ouvrir un dictionnaire pratiquement à la fin de chaque phrase. En revanche, j'ai adoré les cours sur les techniques de relaxation, qui se sont avérées très utiles pour moi !

Cette formation universitaire a été structurante. Elle a favorisé mon éclectisme et fait de moi un sportif au sens large du terme. Mais je sais que mon parcours est atypique et que tous les footballeurs n'ont pas eu la chance de faire les mêmes études.

C'est sans doute pourquoi, lorsque des doutes sont émis de façon péremptoire sur les capacités intellectuelles des footballeurs ou des sportifs, ça me met en rogne. Bien sûr qu'il n'y a pas que des lumières. Mais en faire une généralité relève de la caricature. L'intelligence ne se résume pas au degré d'études, aux diplômes accumulés ou à la culture générale. Selon moi, la véritable intelligence se mesure à la capacité que l'on a de s'adapter à un milieu ou à une situation donnée. La plupart des footballeurs sont dotés de cette intelligence appliquée à leur métier.

Elle se vérifie dans le jeu, le timing, la synchronisation du geste, la capacité à gérer habilement sa carrière et à appréhender sa relation aux autres, dans un environnement de compétition collective où il faut adapter son comportement en permanence. Je n'aime pas ce genre de cliché qui ferait du footballeur un être humain au QI de poulpe. Un mec équipé de gros muscles et privé de cerveau. Je suis assez sensible sur le sujet. Pas touche à ma tribu ! J'aime les sportifs, on l'aura compris. J'ai croisé beaucoup de joueurs qui n'avaient certes pas la culture d'un agrégé de philosophie mais dont la sensibilité, l'intelligence instinctive, le regard tant sur le sport que sur les autres valaient tous les diplômes.

.

# 11

## *Le show de Luis*

L'idylle avait l'odeur du mariage suprême. Rejoindre après l'Euro 1996 l'Athletic Bilbao me permettait d'entreprendre une expérience dans un championnat étranger tout en restant à cent kilomètres de la maison. De partir des Girondins sans trop prendre de risques. Du moins est-ce ainsi que je m'étais imaginé la situation. En outre, les Girondins réalisaient une bonne affaire : ils gagnaient 12 millions de francs sur le transfert, tandis que je doublais mon salaire.

Cette destination représentait aussi l'opportunité de mieux maîtriser l'espagnol, de davantage me familiariser avec la culture de cette partie du Pays basque que je connaissais mal et dont mes grands-parents étaient originaires. Et, malgré une saison précédente ratée, ce club avait de l'ambition et du prestige (huit titres de champion, vingt-trois Coupes d'Espagne). Il s'agissait aussi, avec Barcelone et le Real Madrid, de la seule équipe, depuis sa création en 1928, à n'avoir connu que la première division.

J'ai été naïf. J'ai sous-estimé la portée symbolique de ma venue. L'Athletic, dont le maillot est vierge de toute publicité, ce qui traduit son goût de l'indépendance, ne compte dans ses rangs que des joueurs d'origine basque. Le club, pétri de fortes traditions, est l'étendard de la région. Je me demandais parfois si je faisais du sport ou bien si je servais une cause politique. Je n'étais pas très à l'aise. J'ai été le premier joueur non issu des Provinces basques espagnoles à porter le fameux maillot rayé rouge et blanc. Si l'accueil a été excellent, j'ai d'emblée été surpris par le message du président. A l'occasion de ma présentation aux médias, il m'avait suggéré, en cas de question sur la rupture de l'Athletic avec cette tradition : « Réponds que tu ne peux pas être étranger car tu es basque. » J'étais gêné par tant de cinéma. Je n'avais aucun problème avec ma basquitude et je n'éprouvais pas le besoin de me justifier.

A Sopelana, un petit village côtier près de Bilbao, installé dans une maison sur une falaise dominant la mer, je préservais une qualité de vie nécessaire à mon équilibre. J'étais excité à l'idée de découvrir la ferveur exceptionnelle du public espagnol et un championnat au niveau élevé, correspondant à mes aspirations : technicité, rapidité et engagement physique.

J'ai vite déchanté. Mes pépins de santé m'ont éloigné des terrains plus que je ne l'aurais voulu. Je n'ai disputé que seize matchs de Liga. Excepté les trois derniers mois de la saison, je n'ai jamais été en mesure d'exprimer mon potentiel. Pendant ma blessure, j'avais les nerfs à vif. Je ne supportais pas la moindre critique. Celles des journalistes espagnols, qui remettaient en question mes qualités, me rendaient fou. Les frustrations accumulées faisaient que je ne me sentais plus en paix avec moi-même, avec ce club et avec cette ville.

Les choses se seraient sans doute déroulées différemment si je m'étais entendu avec l'entraîneur. Je partais pour une saison galère et cela me crispait. En décembre 1996, je suis allé frapper à la porte de Luis Fernandez, jeune entraîneur de trente-sept ans qui avait conduit au mois de mai précédent le Paris Saint-Germain à la victoire en Coupe des Coupes. Mes intentions étaient claires : compte tenu de la situation et du fait que je ne parvenais pas à trouver mes marques, je pensais n'avoir qu'une solution, quitter Bilbao ! Sa réponse fut ironique : « Si tu veux partir, il faudra d'abord que tu trouves un club ! »

J'étais venu chercher un peu de compréhension, une solution et Luis, pourtant ancien milieu de terrain de l'équipe de France, me décourageait. Il m'enfonçait encore plus moralement. Sa réflexion m'a touché. Elle a été l'accélérateur de mon départ, l'étincelle qui a allumé le feu.

J'ai pris ça comme un défi. Je me suis mis en tête de le relever. Je m'étais promis que ma prochaine visite dans son bureau serait pour lui annoncer mon nouveau club ! Le Bayern Munich, déjà, s'intéressait à moi. Je les ai relancés, sachant qu'ils étaient prêts à régler le montant de ma clause libératoire, à l'époque

24 millions de francs, soit le double de ce que Bilbao avait déboursé.

Avoir un entraîneur français aurait pu, dans un club étranger, être un accélérateur d'intégration. Je n'avais aucun a priori négatif sur Luis. Mais son mode de fonctionnement n'était pas adapté au mien. Son style chef de classe et sa façon de gérer le groupe m'agaçaient. Je ne fonctionne pas au diktat. J'ai besoin qu'on me fasse confiance, d'être libre et autonome. Le moteur de Luis reposait sur la provocation. Je le vivais mal. Luis aimait faire le show, se trouver au centre de toutes les attentions ou polémiques.

Chacun son caractère, je l'accepte. En revanche, la limite a été franchie lorsque j'ai officiellement quitté Bilbao. Il a accordé un entretien à un journaliste de *France Football* au cours duquel il m'a fait un procès d'intention inacceptable, affirmant : « Ce n'est pas la peine que Liza revendique son attachement au Pays basque si c'est pour en partir un an plus tard par la petite porte. » Longtemps, je ne lui ai pas pardonné. Notre brouille est maintenant de l'histoire ancienne. Je suis passé à autre chose.

En mai 1997, j'ai donc sollicité un entretien au président du club, José Maria Arrate. Je lui ai annoncé : « Je pars de Bilbao, le Bayern me veut. » Il ne l'entendait pas ainsi. « Ce n'est pas possible, tu ne peux pas t'en aller. Donne-moi la proposition du Bayern, je m'aligne dessus. » Peine perdue. Ce n'était pas un problème de salaire : je ne supportais plus d'être là ! Dans ma tête, j'étais déjà parti.

Seul Javier Uria, le vice-président, me comprenait.

*Le show de Luis*

« Si tu penses que c'est mieux pour toi, j'accepte ta décision », m'avait-il répété. Il est devenu le patron du club en 2001. Il est mort deux ans plus tard d'un cancer. J'avais beaucoup de respect pour lui. Paix à son âme. Arrate, au contraire, ne voulait rien savoir. Il m'a menacé, jurant que cela allait mal tourner pour moi. Il a essayé de me faire passer pour un « traître à la patrie ». Quel cynisme. La conférence de presse où j'ai révélé que je quittais l'Athletic a été houleuse. J'avais face à moi une cinquantaine de journalistes. Et l'impression de me présenter devant un peloton d'exécution. Le dernier mois à Bilbao a été pénible. Chauffés par Luis et Arrate, les supporters m'en voulaient. Mon départ a été douloureux. Mais quel soulagement. Comme avec Bordeaux, je suis allé au bout de ma logique. Cela m'a permis de partir sans regrets. Mon père a ensuite gardé ma carte d'accès au stade San Mames. Il est allé s'asseoir une dernière fois dans la tribune officielle, afin d'assister au derby basque entre Bilbao et la Real Sociedad. Celui auquel, gamin, il m'avait emmené.

## 12

## *Le cœur bleu*

Au fil des ans et de mes 97 sélections, l'équipe de France est devenue mon chez-moi, ma maison. Je m'y suis installé en douceur, sans effraction. Ma première convocation remonte au mois de novembre 1992. Gérard Houllier, le sélectionneur de l'époque, m'avait appelé pour la réception de la Finlande, un match de qualification pour la Coupe du monde. Une demi-surprise car je sortais d'une saison intense avec les Girondins. Novice dans le groupe, j'étais pourtant super détendu. Tellement que je me suis endormi dans le car entre Clairefontaine et le Parc des Princes. Cela ne s'est jamais reproduit depuis. Les commentaires sur ma prestation ont été encourageants. Du match, je me remémore un centre-tir de 25 mètres repris au second poteau par Eric Cantona, qui inscrivait là le second but.

J'ai patienté quatre ans avant d'être titulaire. Lors du second match de l'Euro 1996, Aimé Jacquet m'a intronisé au poste d'arrière gauche, habituellement occupé par Eric Di Meco, invaincu en sélection. Sur l'autre aile, Lilian Thuram succédait à Jocelyn Angloma. Le sélectionneur a pris tout le monde de court. J'étais prêt. Ce jour-là, je n'avais pas le droit de me rater. J'ai, semble-t-il, honoré sa confiance. Les attaquants espagnols ont étrenné celle qui allait devenir notre défense de fer. Et qui, jusqu'en juillet 2000, n'aura concédé que quatre nuls pour vingt-deux victoires. A l'Euro, nous avons chuté en demi-finale, aux tirs au but, devant la République tchèque. Déjà, nous disposions d'une équipe taillée pour l'emporter.

Le mérite d'Aimé est d'avoir instauré un système et une discipline acceptés par tous. Il nous a convaincus de le suivre, tout en nous responsabilisant. A Bordeaux, il m'avait lancé en D1 mais je ne savais même pas ce qui m'arrivait. Nous n'avions pas eu le temps de lier connaissance. Notre proximité s'est développée en bleu. Je n'oublierai jamais ses coups de téléphone et ses déplacements à Munich à quelques mois du Mondial.

Moralement, j'étais au plus bas. Sérieusement blessé à cause d'une pubalgie tenace et d'opérations ratées, je peinais à recouvrer mes sensations. Il prenait de mes nouvelles, m'encourageait à persévérer. A peine remis sur pied, il m'a convoqué au stage de Tignes, pour passer avec tout le groupe les fêtes de fin d'année 1997. En Savoie, je me suis entraîné en solo, courant sans relâche autour du lac gelé et enneigé. C'est là que je me suis mentalement bâti pour la Coupe du monde. Là que, pour moi, elle a véritablement démarré. En mars 1998, Aimé est venu de nouveau me rendre visite en Allemagne. Il m'a fait promettre de ne rien lâcher et a demandé aux dirigeants du Bayern qu'ils m'accordent du temps de jeu car je n'étais pas systématiquement aligné par Giovanni Trapattoni, l'entraîneur. Malgré cela, il m'a titularisé le mois suivant contre la Suède, à Stockholm, sur un terrain boueux. J'ai senti qu'Aimé ne bluffait pas. Un entraîneur, pour moi, n'a pas besoin d'être un grand orateur mais un mec sincère. Si c'est le cas, je suis prêt à tout, prêt même à me péter la jambe pour lui. En revanche, si je devine de la manipulation, je le prends très mal. Pendant six mois, je me suis préparé comme un chien pour ce Mondial. Au-delà des entraînements, j'enchaînais soins, étirements et massages. Les journées étaient interminables. Je me donnais à fond pour que mon corps retrouve son élasticité.

Les marques d'affection d'Aimé m'ont galvanisé. Il a gagné mon respect à vie. Par ailleurs, j'ai aimé sa façon de bosser, sa droiture, sa rigueur, sa sensibilité. Son discours est simple, pas forcément élaboré, mais son message est clair. C'est un homme profondément honnête et sincère. Il nous a transmis sa passion, nous a persuadés que ses méthodes étaient les meilleures pour réussir une bonne Coupe du monde. Inutile de savoir manier l'éloquence d'un professeur de fac ou d'un homme politique. Dans le sport, il suffit de quelques phrases clés, d'un peu de psychologie et d'une bonne dose d'intelligence dans le management. Aimé avait ces qualités. Il avait anticipé et songé à tout, de l'entraînement à la préparation physique, des rapports avec les médias aux dispositifs tactiques. Rien ne lui avait échappé, il était habité par l'événement. J'avais déjà marqué une fois avec les Bleus. A Caen, en 1995, d'une balle piquée contre Israël. J'ai récidivé pendant le Mondial, avec un plaisir décuplé. Au Stade de France, face à l'Arabie Saoudite. J'avais offert le deuxième but à Thierry Henry. Et, à la 84ᵉ, une talonnade de Youri Djorkaeff me place en position idéale. Je déboule et frappe. Curieusement, ma Coupe du monde a failli s'arrêter là. Le lendemain, lors d'un exercice anodin, je me suis blessé bêtement. Je ressentais une forte douleur à la cuisse. Après avoir tant galéré, j'aurais pu tout perdre en une seconde. Par chance, le mal s'est vite résorbé. Mais, pendant trois ou quatre jours, j'ai eu peur. Et j'ai gardé une appréhension jusqu'à la fin du Mondial.

En quarts de finale, je figurais parmi ceux désignés par Aimé pour la séance des tirs au but face à l'Italie. J'avais l'habitude de tirer les penaltys à Bordeaux et je ratais rarement ma cible. J'étais certain de marquer. J'avais foi en mon étoile. Le sort avait été trop impitoyable avec moi depuis un an pour imaginer qu'il en soit autrement. Je devais être récompensé de mes efforts, forcément. Sans doute étais-je trop sûr de moi. J'ai cru qu'il suffirait de tirer pour marquer.

J'ai frappé mollement et le gardien a renvoyé ma tentative. Finalement, cet échec n'a pas eu de conséquences puisque nous nous sommes tout de même qualifiés. J'ai pris cela comme un signe du destin. Il me disait : « Tu en as tellement chié que tu dois être récompensé ! » Cela s'est vérifié contre la Croatie et en finale face au Brésil. Mais, face à de tels adversaires, même à 2-0, nous n'étions pas totalement sereins. Le but de Manu Petit nous a libérés.

*

Dans notre écrin de Clairefontaine, nous étions tellement isolés et conditionnés que nous nous serions crus dans un château retranché au fin fond de la Sibérie ! J'exagère, bien sûr. Mais Aimé avait décidé qu'aucune forme de critique ne devait nous perturber. Aimé voulait nous préserver d'autant plus de l'environnement extérieur que celui-ci nous était hostile. Hors du monde, nous étions mobilisés sur le discours et le message d'Aimé. Nous disputions nos matchs puis rentrions au château. Nous ne percevions pas la montée en puissance générale. Cette ferveur est devenue concrète à partir des quarts de finale. Le moment où les Français ont commencé à croire l'exploit possible.

Les seuls instants qui ont évoqué pour moi la folie régnant dans le pays, je les ai vécus durant le trajet entre le portail de Clairefontaine et le Stade de France. Quel monde sur la route ! Au fil des tours, cela devenait de plus en plus incroyable. *Les Yeux dans les Bleus*, le film de Stéphane Meunier, est conforme à la vérité de notre aventure. Parfois, il nous arrivait d'en avoir ras le bol de sa caméra. Alors nous la lui prenions et nous réalisions nos propres films ! Je vous laisse imaginer le genre de stupidités qu'une équipe de foot peut faire avec une caméra entre les mains, surtout lorsqu'on se trouve isolés et enfermés. Il y a eu de vrais moments de pétages de plombs collectifs. Nous avions besoin d'ouvrir la soupape, de relâcher un peu la pression. La caméra faisait office d'exutoire. Si le public avait vu nos images, un mythe se serait écroulé !

Tout au long de mes années chez les Bleus, le repaire de Clairefontaine a constitué un élément de notre succès. C'était à la fois un paradis et un monastère. L'ambiance était extraordinaire, nous passions des heures autour de la grande table à refaire le monde, poursuivant nos cogitations au café. Nous discutions de tout, du football, de la vie, de la médiatisation comme de nos expériences à l'étranger : l'exode commençait après l'arrêt Bosman, décision de la Cour de justice des Communautés européennes rendue en décembre 1995 et favorisant la libre circulation des sportifs entre les Etats membres. Après le Mondial, nous parlions aussi publicité et argent, sans tabous. Etre invités dans des émissions où jamais un footballeur n'avait été convié nous amusait. Ce fut une vraie découverte. Comme de sentir, dans les regards des femmes, que les joueurs étaient devenus séduisants.

Dans la forêt de Rambouillet, tout était calme. Pendant un footing, il était possible de croiser un sanglier ou un écureuil. La vie s'écoulait paisiblement, entre entraînements et massages. Mais parfois l'isolement, à la longue, devenait pénible. Une fois, la solitude me pesait tellement que, lors d'un stage des Bleus post-

## Le cœur bleu

Mondial, j'ai demandé à Elsa de me rejoindre. J'avais conscience de ne pas agir dans les règles. Mais c'était ça ou la déprime. J'ai pris mes responsabilités. C'est la seule fois où ça m'est arrivé. Elsa a emprunté un sous-sol et nous avons passé la nuit ensemble...

# 13

## FC Hollywood

Au Bayern, j'ai toujours eu l'impression qu'une discussion permettait de régler, vite et bien, les problèmes. Cette façon efficace de fonctionner me renvoyait à l'une des particularités de la culture basque, qui tient en une formule autant qu'un art de vivre : *Hitza Hitz*, ce qui signifie chez nous « La parole est la parole ». Cette expression vient de nos ancêtres, quand les maquignons vendaient des chevaux sur les marchés. Ils se fiaient à la promesse verbale, la trace écrite devenant superflue.

A Munich, je me retrouvais confronté à des dirigeants qui faisaient preuve de professionnalisme, de sang-froid, d'intelligence, d'honnêteté et de solidarité. Les situations se décantaient rapidement, dans une parfaite clarté. D'ailleurs c'est là-bas que j'ai commencé à négocier seul et sans agent mes contrats. C'est ce que j'ai aimé dans ce club et que j'apprécie dans la vie.

Lorsque j'ai quitté la Bavière en juin 2004, nous n'étions pas d'accord sur les conditions du renouvellement de mon contrat. Mais chacun a respecté la position de l'autre et ça ne s'est pas terminé en tragédie, comme à Bilbao ou Marseille quand j'ai décidé de partir. En retournant au Bayern en janvier 2005 car je n'étais pas épanoui à Marseille, j'ai signé mon contrat seulement trois semaines après mon arrivée. Mais j'avais la parole d'Hoeness et ça me suffisait. Dans quel club, dans quelle entreprise peut-on encore fonctionner aujourd'hui de la sorte ?

A partir de trente ans, j'ai négocié mes contrats année après année. Je voulais éviter la lassitude, le sentiment d'être prisonnier. Nous faisions le point en fin de saison, vérifiant si l'envie et la motivation demeuraient mutuelles. C'est un fonctionnement très sain, basé sur la confiance.

Le Bayern n'était pas du genre à paniquer selon la situation. Ses joueurs, d'ailleurs, étaient de solides gaillards au gabarit imposant. Je faisais figure d'anomalie dans le décor ! Prenons Oliver Kahn. Un blond à l'allure de Viking d'1,88 mètre pour 90 kilos. Un très grand gardien de but, une machine de compétition avec un immense sang-froid malgré quelques colères légendaires. A la fin d'un match où nous étions menés, il a déserté sa cage pour apporter le surnombre. Sur un corner en notre faveur, il a grimpé dans la surface adverse. Mais, au lieu de mettre la tête – j'ignore ce qu'il lui a pris –, il a mis le poing. Kahn a boxé la balle. Il avait déjà écopé d'un carton jaune, il a été expulsé. Nous sommes tous rentrés au vestiaire la tête basse, affligés. Puis un fou rire général nous a gagnés. C'était si inhabituel de voir Kahn déjanter. Ça y est, Robocop avait craqué. Il était donc humain.

Et que dire de la réaction d'Oliver quand, étendu au sol et inconscient après un choc avec Sammy Kuffour, il s'est relevé d'un bond en reprenant ses esprits : le défenseur ghanéen, pour le ranimer, était par un étonnant réflexe en train de lui faire du bouche-à-bouche ! Ce Kuffour, un drôle de numéro. Tendre, doux et un peu naïf parfois. Mais une force de la nature malgré ses 75 kilos et un déménageur dans les duels. Capable au cours d'un même match, et il l'a prouvé, de marquer contre son camp, d'égaliser, de blesser Kahn puis de rompre sur un contact les ligaments croisés du gardien remplaçant.

En mai 1999, à Barcelone, nous avons vécu un cauchemar : alors que la victoire en finale de la Ligue des champions nous tendait les bras, Manchester United a inscrit deux buts en deux minutes, dans les arrêts de jeu. Blessé au genou, j'avais assisté à cet improbable retournement des tribunes. Kuffour, lui, était en larmes, martelant le gazon catalan de ses poings, envahi par la fureur.

A mon arrivée, le Bayern cohabitait encore avec un drôle de surnom, traduisant une ambiance entachée de caprices de divas : le FC Hollywood. Chaque entraînement était disséqué, la moindre péripétie prenait des proportions démesurées. Pire, les joueurs se taillaient souvent entre eux.

Avec le Bayern, la presse était sûre de vendre. Elle

ne nous ratait pas, mais les critiques ne m'atteignaient guère car, ne comprenant pas parfaitement l'allemand au début, je ne les lisais pas. J'ai d'ailleurs longtemps refusé de parler allemand pour ne pas m'exposer et me protéger des dérapages médiatiques dont j'avais souffert à Bilbao.

En juillet 1998, l'arrivée à la tête de l'équipe d'Ottmar Hitzfeld a contribué à détendre l'atmosphère. Frais lauréat de la Ligue des champions avec Dortmund, notre nouvel entraîneur a su assez vite museler les ego sans ôter le potentiel à forte teneur médiatique du club.

Malgré tout, en mars 2001, deux mois avant de remporter à Milan la Ligue des champions, nous avions subi une lourde défaite en poule au stade Gerland. Lyon nous avait étrillés 3-0. Blessé, j'avais assisté au désastre devant ma télévision. Les journaux s'étaient déchaînés. Considérant que nous avions joué comme des danseuses, le quotidien *Bild Zeitung*, dont le tirage dépasse les 3,8 millions d'exemplaires, nous avait affublés de tutus. Un autre prétendait que nous étions si mauvais qu'il était préférable que nous arrêtions le football. Et d'imaginer le métier que nous pourrions exercer dans cette hypothèse. Hasan Salihamidzic était dessiné en barman de discothèque. Moi ? En directeur d'une agence de voyages. Une façon de moquer mes fréquents allers-retours au Pays basque.

Au moins, on ne s'ennuyait pas au Bayern. Comme lorsque le club avait engagé un détective privé chargé de surveiller les sorties nocturnes de Mario Basler car il arrivait le matin épuisé, avant même le début des séances !

Les entraînements aussi étaient pimentés. Ils étaient souvent plus acharnés que les matchs. C'est une particularité du football allemand. Cela a le mérite pour le joueur d'être vite plongé dans la température de la compétition ! Il n'empêche, entre Stefan Effenberg, Carsten Jancker, Sammy Kuffour ou Jens Jeremies, les tacles étaient souvent rudes. J'ai vu plusieurs joueurs quitter l'entraînement sur blessure. C'était la loi de la jungle.

Le phénomène a également prévalu avec Lothar Matthäus. Un joueur doué mais arrogant. Il nous excédait, se comportait en petit chef, inondait de reproches ceux qui l'approchaient. Il provoquait sans cesse, affichait sa morgue dans la presse et ne se reconnaissait aucun tort. Revenu au Bayern en 1992 après trois saisons à l'Inter Milan, il inspirait la crainte, surfant sur son étiquette de dieu vivant : capitaine de l'équipe d'Allemagne championne du monde, 150 sélections, cinq participations à des phases finales du Mondial.

Fin août 1999, entraînement classique sur Säbener Strasse. Matthäus accomplissait ses derniers mois en Bavière : il partait en décembre rejoindre les Etats-Unis et les MetroStars de New York. Nous participions à un toro, exercice classique où les joueurs sont réunis en cercle. Le joueur au milieu de la ronde doit intercepter la balle et celui qui manque sa passe ou son contrôle se positionne au centre à sa place. Et ainsi de suite. Parfois, il arrive que l'on détermine avec difficulté l'auteur de l'erreur. Bien entendu, ce n'était pas de sa faute. Ça n'était jamais de sa faute ! J'avoue que j'étais aussi un peu mal luné ce matin-là. Le ton est monté. Nous nous sommes approchés l'un de l'autre jusqu'à nous retrouver tête contre tête. Il m'a agrippé à la gorge. La droite est partie sans préavis. Sur le coup, je n'avais pas réfléchi aux conséquences de cette gifle. L'entraînement n'était pas public. A priori, il ne devait pas avoir de fuite médiatique. Mais les tabloïds allemands se sont fait l'écho de cet incident. Le club démentait, je gardais le silence. Ils cherchaient des preuves. Leur persévérance a payé : une semaine plus tard, le quotidien populaire *Bild Zeitung* a déniché un supporter du Bayern ayant filmé la scène. Le journal l'a publiée, image par image. Le document a également atterri sur le Net. La direction m'a annoncé que je serais sanctionné financièrement et m'a infligé 15 000 euros d'amende. Mais ils ne l'ont jamais appliqué. Je n'aurais pas dû agir ainsi mais le Bayern savait aussi que je n'avais pas forcément tort sur le fond. D'ailleurs, pas mal de partenaires et des membres du staff m'ont avoué qu'ils étaient finalement heureux que l'impunité de Matthäus soit ainsi battue en brèche.

De ce jour, mes relations avec Matthäus sont devenues excellentissimes ! J'ai gagné son respect, alors que je n'étais pas au club depuis si longtemps. Je pense aussi avoir gagné à ce moment le respect au Bayern. Comme quoi, mais ce n'est pas non plus à enseigner dans les écoles de foot : une bonne bagarre peut parfois régler des conflits que de longues discussions ne parviendraient pas à résoudre !

Certains journalistes allemands ont appelé ma mère pour s'assurer que je n'étais pas violent. Ils sont allés jusqu'à lui demander si j'avais des antécédents ou un casier judiciaire !

Ils ne l'ont pas recontactée quand, en novembre 2002, je me suis battu avec Nico Kovac. Je n'avais à l'égard du milieu de terrain croate aucune animosité particulière. C'était un teigneux à l'entraînement, il donnait tout pour gagner sa place, tandis que son frère Robert était titulaire en défense centrale. Au cours d'une opposition classique, nous nous chauffions dans les duels, comme souvent lors des entraînements au Bayern. La température est montée. Nous nous sommes battus comme des chiffonniers, avec les pieds et les poings. Nous avons été ceinturés par des partenaires, qui nous ont plaqués à terre et ont essayé de nous calmer.

Au Bayern, pour trouver ses marques, il ne fallait pas se laisser marcher dessus ! J'ai tellement vu de nouveaux joueurs se faire démonter à l'entraînement sans rien dire. Je savais qu'ils ne feraient pas long feu. Ce n'était pas l'école des fans. Il convenait de se faire respecter. J'ai peut-être poussé la démonstration un peu loin...

Ottmar Hitzfled était décomposé. Il nous a convoqués dans son bureau. L'anicroche a été réglée dans la journée. J'ai dû m'acquitter de 10 000 euros d'amende parce que j'avais démarré la bagarre. Les Allemands en viennent rarement à de telles extrémités. Ils ont beaucoup plus de self-control que les Latins. Moi, ça m'a pris du temps !

Je suis pourtant du genre calme. Je suis un teigneux sur le terrain, pas en dehors. Mais il peut m'arriver, parfois, d'avoir ce type de réaction si l'on me provoque un peu trop.

A dix-huit ans, je débutais chez les professionnels, aux Girondins. Cela ne m'avait pas empêché d'envoyer valdinguer le kiné du club. Il avait été vexé que je sois allé solliciter un conseil auprès d'un autre membre du staff médical que lui. Alors que je lui demandais de me poser une bande, il m'avait sèchement répondu : « Va voir ton charlatan. » Et je l'ai bousculé... contre la porte du cabinet médical. De tels coups de sang pouvaient m'arriver tous les deux ou trois ans. C'est un défaut de mon caractère que je commence seulement à corriger, prenant aujourd'hui un peu plus de recul.

Au lieu de dire tout de suite ce qui ne va pas et de crever l'abcès, j'encaisse, je rumine. Et, un beau jour, je pète ma durite ! Je suis ensuite calmé pour plusieurs mois. J'ai toujours fonctionné comme ça dans mon métier et dans ma vie. Je le regrette.

Mais, pour me mettre dans un tel état, il faut toujours un facteur déclenchant. Je hais, dans la nature humaine, la provocation, la manipulation, la trahison et la tricherie. Dans ces conditions, je peux basculer très vite. Je me transforme, c'est ma protection. Je reproduis ce schéma sur le terrain : quand je prends un coup, j'en donne un. J'aime bien égaliser, je ne veux pas rester sur une défaite. L'esprit judéo-chrétien – si on te donne une gifle, tends l'autre joue – n'est pas fait pour moi !

Après l'histoire du kiné, j'ai été convoqué par le président de Bordeaux, le moustachu Claude Bez. Un personnage haut en couleur, qui imposait le respect. Ancien commissaire aux comptes, il dirigeait avec fermeté le club depuis 1978. Il était le meilleur ennemi de Bernard Tapie. Autant dire que je ne faisais pas le mariole. Claude Bez avait une particularité : il bégayait. J'avais frappé à la porte de son bureau, j'étais entré. J'étais debout devant lui, pas fier. Il m'avait accueilli en zozotant d'un : « A-a-a-lors, ça-ça-ça va Ty-ty-son ? » Tout de suite, l'ambiance s'était détendue. Je lui avais raconté comment nous en étions arrivés là. L'affaire s'était réglée gentiment. Bez s'était montré super cool. Je crois que l'incident l'avait amusé. Je ne suis pas devenu défenseur par hasard, finalement...

# 14

## Deuxième lame

Je n'ai jamais ressenti un sentiment de puissance défensive aussi intense qu'au Mondial 1998. Près de moi sur la ligne, en stoppeur gauche, Marcel Desailly. Une complémentarité totale. Il m'avait trouvé un surnom : deuxième lame. Lui était la première. Il enlevait les poils et, s'il en restait, je terminais le travail ! Mais, en général, une fois Marcel passé... « Allez, deuxième lame, sérieux, là », me houspillait-il avant un match. Nous avons rodé notre entente pendant l'Euro 1996, en Angleterre. Nous nous étions entraînés à essorer les attaquants. Le Bulgare Hristo Stoïchkov avait d'ailleurs perdu patience et adressé des insultes racistes à Marcel.

Avec Lilian Thuram, notre grand jeu consistait à dégoûter notre adversaire direct, jusqu'à ce qu'il aille tenter sa chance de l'autre côté. Là encore, il se décourageait. Nous nous échangions les attaquants ! Ecœurés, ils ne savaient plus dans quelle direction aller. En constatant de la résignation dans leurs regards, nous savions que la partie était gagnée. Une sensation magnifique pour un défenseur. Pas de chance : celui qui butait sur Lilian et moi repiquait vers l'axe. Il se heurtait alors à la charnière Laurent Blanc-Marcel Desailly ! Sans oublier Fabien Barthez en ultime rempart. Impossible d'être un bon défenseur tout seul. Nous étions solidaires, comme les avants au rugby. Dans le repli défensif, j'associe Emmanuel Petit, Didier Deschamps et Christian Karembeu. Tactiquement, nous étions au point. Notre solidité rebutait ceux qui essayaient de nous déstabiliser. Au bout du compte, nous finissions par nous créer des occasions et par marquer. C'est la tactique du hérisson : tu te protèges en défense ct tu piques en attaque ! J'ai aimé jouer en bleu avec Manu Petit. C'était un guerrier et un mec sur qui tu pouvais compter. Pas le genre de gars à se cacher sur un terrain. Nous procédions par couverture alternée : quand je montais, il prenait ma place. Avec lui, au sens tactique si aiguisé et au volume de jeu énorme, j'étais tranquille. Je fonçais sans me poser de questions. Manu m'avait surnommé « Petit Bison ». J'adorais quand il m'allumait ainsi sur le terrain : ça me motivait doublement.

Frank Leboeuf avait imaginé une autre trouvaille. Il m'appelait « PlayStation ». Après un tacle, je me relevais si vite qu'on aurait dit un personnage de jeu sur console. Mon geste n'avait pas l'élégance de celui d'un Marius Trésor, par exemple. J'avais un tacle de bagarreur. Je pouvais venir couper l'adversaire plusieurs fois de suite, dans une succession de glissades, car je me relevais aussitôt.

J'ai de l'affection pour Frank Leboeuf. Après le Mondial 1998, les propositions ont afflué et on le voyait partout. Qu'est-ce qu'on a pu le chambrer ! J'ai essayé de le mettre en garde. Il acceptait beaucoup de choses. Je lui confiais combien je trouvais dommage le décalage entre son image et ce qu'il est dans la vie. Ce coup d'accélérateur médiatique a été assez violent car inattendu. Pour la Coupe du monde, j'avais vingt-huit ans et l'expérience suffisante pour l'appréhender sereinement. Nous avons tous été vigilants, veillant à ne pas nous perdre, par exemple en virant ridicules dans un spot de publicité. Nous ne nous faisions pas de cadeaux entre nous. J'ai toujours su que ma base était le football, même si s'ouvrir à d'autres univers se révélait plaisant.

Au sein des Bleus, Lilian Thuram était l'un de ceux auxquels je parlais le plus. A table, nous étions côte à côte. Nous partagions beaucoup de valeurs humaines, une approche pointue de la préparation physique et de la compétition. Notre aventure en bleu a presque démarré en même temps. Je trouvais fort d'arrêter ensemble au terme de l'Euro 2004. Jusqu'à ce qu'il reprenne le collier. Avec Tutu, la connivence était particulièrement forte quand retentissait *La Marseillaise*. Nous nous sentions, nous nous serrions. Nous étions à cinq cents pour cent dans le truc, même si nos chants n'avaient pas la grâce et la puissance de ceux du Pays basque ! Ce rituel était si intense que, reçus par le président de la République après le titre mondial, nous nous sommes isolés. Et, face au mur, dans un recoin de l'Elysée, une dernière fois, Lilian et moi avons entonné « Allons enfants de la patrie » à voix basse.

Parfois, aussi, des crises de fous rires nous gagnaient durant les hymnes, pourtant solennels. Avec Barthez pas loin, difficile de garder son sérieux jusqu'au bout. Comme en ouverture des éliminatoires de l'Euro 2000, à Reykjavík en Islande. Un ténor d'opérette avait interprété *La Marseillaise* a capella. Cette espèce de Castafiore n'était pas du tout dans le trip. Le décor était crépusculaire, avec ce petit stade champêtre et ce mauvais Pavarotti. De façon incontrôlable, nous avons été saisis d'un immense fou rire. Ma plus grosse rigolade avec les Bleus.

Didier Deschamps était le capitaine naturel de cette équipe. Il était fait pour cette fonction. Il jouissait d'une aura naturelle, propice à stimuler les joueurs. Didier avait toujours le mot juste. Il savait être convaincant, sans jamais s'énerver. Sous des dehors taquins, c'était un fin tacticien. Didier a su nous aider à trouver l'équilibre parfait, si précaire, entre la défense et l'attaque. Une fausse note, un copain qui oublie le repli défensif, et tout le système pouvait partir en vrille. C'est l'addition de ces talents et de ces caractères qui a fait de cette défense une digue presque infranchissable.

Didier m'avait affublé du surnom de « Potiolo ». En basque, cela signifie « petit gros ». Une manière de plus pour me chambrer, comme il aimait le faire avec tout le monde. Affection similaire chez Aimé

Jacquet. Il lui arrivait pendant la Coupe du monde, à Bernard Diomède et moi, de nous appeler « Trois Pommes » ! A Bordeaux, j'ai naturellement eu droit à « Liza » ou « le Basque ». Paradoxalement, les Munichois éprouvent moins de mal que les Français à prononcer Bixente. Les journaux allemands, il n'y a pas de raison, y sont allés de leur sobriquet : « Paquet de muscles » (*Kraft packet*), et même (si, si !) « Dieu du jeu de tête », dont je vous épargne la version originale. Cette plaisanterie s'expliquait par le fait que, deux journées de suite, en dépit de mon immense taille, j'avais marqué de la tête. Un exploit aussi improbable que le doublé de Lilian en demi-finale du Mondial contre la Croatie, illustré par son héros à genoux sur la pelouse, l'index posé sur la bouche.

# 15

## La rage du complexé

Je mesure 169 centimètres. Dans mon enfance, on a souvent fait référence à ma taille. J'ai traîné à un moment le surnom, plutôt amical, de « Pitchoune ». Je ressentais ces commentaires sur mon physique comme une humiliation. La société a un vrai problème de discrimination. Si tu n'entres pas dans une espèce de normalité physique, selon des critères stricts et subjectifs, tu as droit à ta dose de blagues lourdes et douteuses. Les enfants et les adolescents entre eux sont sans pitié. La répétition de certaines allusions m'a souvent fait de la peine et surtout profondément vexé.

Aujourd'hui, bien sûr, ces complexes ne sont qu'un souvenir d'adolescent. Mais cela m'a rendu attaché à la diversité, un sujet sensible de notre société, sur lequel nous devons encore largement progresser. Même si ce problème de taille n'a rien à voir avec les enjeux de la discrimination et du racisme, je reste très réactif quand quelqu'un stigmatise, moque ou rejette la taille, le poids, la couleur de peau ou la différence physique. Cela peut paraître naïf mais j'y tiens. En vérité j'ai surtout été complexé durant ma formation aux Girondins. Je souffrais, pour m'imposer dans le sport de haut niveau, de ne pas disposer de grosses qualités athlétiques. Mon chemin ne s'est pas tracé dans la facilité. La bagarre a été ma force. Aujourd'hui, tout a changé. Ma taille est devenue ma meilleure arme, puisque j'ai réussi. Tout est donc relatif ! Les souffrances endurées dans mon adolescence ont constitué un moteur. A chaque moquerie, c'était comme aux jeux électroniques, ça gonflait mon niveau d'énergie et de motivation. Elles ont été une force pour me constituer un physique tout-terrain. Et oser aller défier des gabarits toujours plus grands que moi. A force de m'entendre rabâcher que j'étais trop frêle et trop petit, je gardais, au fond de moi, une vraie rage.

En début de carrière, je pesais 69 kilos. Je me suis épaissi au fil de saisons. Jusqu'à atteindre 75 kilos en fin de carrière. J'ai gagné du muscle, loin du gamin fragile des débuts. Malgré ma taille, j'étais un client dans les duels. C'était ma marque de fabrique. J'aimais aller au tampon, épaule contre épaule. Je n'avais pas peur. Faire valdinguer un type sur un tacle glissé le long de la ligne de touche : quel bonheur !

« Le Basque bondissant », mon surnom, emprunté au grand tennisman Jean Borotra, vient de là. J'adorais surtout défier les costauds, dans le jeu aérien comme au sol. Le challenge m'excitait. J'étais suffisamment armé pour prendre d'assaut un attaquant de

*La rage du complexé*

1,90 mètre pour 90 kilos, lui piquer le ballon de la tête grâce à un bon timing. Psychologiquement, je bénéficiais d'un ascendant : l'effet de surprise. Il n'imaginait pas que j'allais lui rentrer dedans avec tant d'ardeur. Je jubilais quand je l'envoyais par terre.

A mesure que j'ai excellé dans mon domaine, les allusions sur ma taille ont disparu. Comme par magie.

A cause de ce complexe et de ma motivation à devenir footballeur professionnel, mon corps est devenu une obsession. Parce qu'il s'était transformé en outil de travail. En revanche, je n'ai jamais eu le culte du corps pour le corps. Ce n'est pas l'esthétique du corps qui m'importe mais son efficacité dans le mouvement. J'ai toujours entretenu une réflexion sur son fonctionnement, pratiquant des sports me permettant de trouver un équilibre entre le haut et le bas de mon corps. L'ensemble s'est façonné naturellement, par une assiduité passionnée.

Mon cheminement n'est pas le même que celui qui se rend dans une salle de sport afin de soulever des poids pour dessiner ses muscles.

A trente-sept ans, et après autant d'années de football de haut niveau, je suis heureux d'être resté en forme. Revoir des copains d'école parfois bedonnants me permet de constater que, finalement, le sport conserve idéalement. Etre en bonne condition physique m'offre une plus grande réserve d'énergie, donc une plus grande capacité de travail. Je suis, je crois, encore capable de relever de gros défis et d'expérimenter davantage. Je continuerai à faire du sport jusqu'à mon dernier souffle : par goût et parce que la décompression post-compétition peut avoir des effets dévastateurs.

# 16

## *Joue-la comme Beckenbauer*

Six mois : la durée commune de notre expérience à l'Olympique de Marseille, pour Franz Beckenbauer et moi. A quatorze ans d'intervalle, lui en tant qu'entraîneur, moi au titre de défenseur. En mai 1996, alors que Bordeaux affrontait en finale de la Coupe de l'UEFA le Bayern Munich, dont il avait repris les commandes, c'est lui déjà qui avait souhaité m'attirer en Bavière. Devenu président, il a insisté en 2005 pour que je prolonge d'une saison, louant mon professionnalisme et mes qualités de footballeur. Beckenbauer incarne à mes yeux la référence dans l'après-carrière. Il est un modèle de reconversion. Vainqueur de la Coupe du monde, comme capitaine puis sélectionneur, il a présidé le Comité d'organisation de l'édition 2006, faisant de l'événement la plus éclatante réussite de politique sportive depuis la réunification de l'Allemagne.

Le « Kaiser » (l'empereur, son surnom) est une entreprise à lui seul. La holding Beckenbauer comporte plusieurs branches : publicité, médias, communication, dirigeant, entraîneur, etc. Il donne son avis sur tout. Pousse le culot jusqu'à être consultant à la fois sur une chaîne privée et une chaîne publique. Son influence est si grande dans son pays que, en matière de football, rien d'important ne peut se faire sans son assentiment. Il est à ce point respecté que Rudi Assauer, le manager de l'équipe de Schalke 04, avait admis avec une pointe d'humour : « Si Beckenbauer fondait un parti quinze jours avant les élections nationales, il deviendrait chancelier.» Gerhard Schröder, justement ancien chef de gouvernement, le décrit comme « un mélange réussi de confiance en soi, de sensibilité et de modestie».

Beckenbauer possède une distinction naturelle. La gestion de son image témoigne de son intelligence. Il est charismatique, a le sourire charmeur et le verbe facile. Il est capable de prendre la parole devant une assemblée de mille personnes et de gagner leur confiance au prix de quelques formules et anecdotes.

Cette apparente facilité masque un énorme travail. L'élégance est de n'en rien laisser paraître. Les gens n'aiment pas entendre parler de souffrance, de labeur, de discipline.

Ceux qui se vantent en assurant ne jamais s'entraîner car l'exercice les rebute sont des menteurs ou des provocateurs coquets. Le skieur américain Bode Miller cultive cette image de bad boy insouciant. Si ses frasques sont réelles, sa longévité n'aura qu'un temps. Il s'agit d'une posture marketing ou d'un choix de vie qui mène droit dans le mur. Franz Beckenbauer, pour « vendre » son Mondial, a sillonné la planète. Il n'est pas resté scotché sur son canapé du Tyrol autrichien. Et puis, malgré les responsabilités, cet homme aux multiples facettes n'a jamais perdu son goût pour la liberté de ton et d'action.

Bien sûr, il s'est parfois révélé dur dans ses déclarations sur l'équipe d'Allemagne ou le football européen. C'est dans son tempérament et aussi dans la culture allemande. Il n'en reste pas moins que je lui conserve un grand respect et une reconnaissance sincère car il a toujours été là pour moi.

Au Bayern, les postes clés sont occupés par des figures du club. D'ex-footballeurs ne font pas forcément de bons managers. Mais la connaissance du milieu, à condition de maîtriser la base de la gestion, leur fera commettre moins d'erreurs. Le football n'est pas une entreprise ordinaire. S'installer dans les tribunes pour s'imprégner de la culture et de la psychologie d'un club n'est pas suffisant.

Venant du Sud-Ouest, je suis a priori à des années-lumière de la mentalité allemande. Mais j'aime leur manière de fonctionner. On ne se perd pas en circonvolutions inutiles. Les états d'âme restent au vestiaire. Toutes les vérités sont bonnes à dire, si elles sont constructives. Cette culture-là m'a convenu et, contre toute attente, je me sens un peu germanique...

J'ai une approche similaire des événements. Je suis finalement devenu allemand dans mes méthodes de travail. Au Bayern, il n'y avait rien de clinquant, rien d'inutile. Tout était dévolu à l'efficacité. Il existe chez les Allemands une détermination et une confiance en soi mâtinée de décontraction. Cet état d'esprit rend les joueurs allemands capables de gagner même avec moins de talent que l'adversaire. L'enjeu les sublime ; il a tendance à inhiber les Français et les Latins en général. Je me suis germanisé de ce point de vue. Et puis l'attachement des hérauts du club n'est pas feint. Champion du monde avec Beckenbauer en 1974, Uli Hoeness est le manager général du Bayern. Il pourrait s'en dispenser : être propriétaire d'une énorme fabrique de saucisses, à Nuremberg, l'accapare déjà suffisamment et a fait de lui un homme d'affaires riche et avisé.

Hoeness est l'âme du club avec Karl-Heinz Rummenigge, double vainqueur du Ballon d'Or *France Football* et désormais directeur général. Nos rapports ont toujours été excellents. Leur professionnalisme à tous égards m'a incité à rester, au final, presque neuf ans en Bavière. En France, trop peu d'anciens joueurs occupent des postes stratégiques. L'ex-international Marc Keller est aujourd'hui le jeune directeur général de l'AS Monaco, et j'espère que cela montre une volonté de changement. L'élection de Michel Platini à la tête de l'UEFA à cinquante et un ans doit être une source d'inspiration pour l'avenir de ce sport !

Mon acclimatation au Bayern s'est aussi concrétisée lors d'*Oktoberfest*. La fête de la bière a lieu chaque année fin septembre début octobre. Je trouvais ridicule, pour y participer, de devoir enfiler le costume traditionnel bavarois en peau de chamois. Puis je me suis pris au jeu et j'ai compris que c'était une tradition importante, une forme de respect aussi pour la culture bavaroise.

J'ai posé plusieurs fois dans cette tenue pour le catalogue du Bayern, aux produits dérivés insatiables. Il en existe pour tous les goûts et les âges, de la tétine au cercueil ! Le club m'avait demandé de poser avec un maillot de bain siglé Bayern. Le morceau de tissu était hyper serré, genre « moule-bite à poutre intégrée » ! Et ils n'avaient rien trouvé de mieux, dans cette thalasso de Munich, que de me faire partager la vedette avec l'attaquant Carsten Jancker. Un colosse de 1,93 mètre pour 100 kilos, blanc comme un cachet d'aspirine. Le contraste était saisissant. Nous deux au bord de la piscine : quelle horreur ! J'ai hésité à brûler la photo.

J'ai évidemment davantage puisé du côté de Beckenbauer que de cette séance photos mes inspirations pour ma reconversion. C'est pourquoi, pour mieux maîtriser ma route, j'ai très tôt eu besoin de comprendre, de contrôler ce qui impliquait mon avenir.

Il me paraît dangereux et même absurde, si l'on souhaite éviter les errements, de ne pas s'intéresser à ce qui concerne notre métier, hors du terrain. Cette désinvolture, si elle n'est pas feinte, relève à mon sens de la faute professionnelle. La confiance aveugle est un danger, d'autant que, dans le milieu du football, les parasites et les « conseillers bien intentionnés » sont légion. Le business du football n'est pas le « monde de Oui-Oui » et il faut vraiment se méfier !

J'ai ainsi pu toujours conserver mon autonomie et défendre mes intérêts en connaissance de cause. Mes conseils aux joueurs qui démarrent : « Apprenez par vous-mêmes », « Ne donnez jamais de procuration à personne » et « Ne signez rien sans savoir pourquoi vous le faites ». Ce sont des règles toutes simples. Elles font appel au bon sens mais ne sont pas souvent appliquées dans un milieu où les footballeurs sont souvent jeunes et très – trop – assistés.

En décembre 2006, aux Etoiles du Sport, j'ai choisi le jeune Paul Lasne pour filleul. Il est milieu de terrain au centre de formation des Girondins de Bordeaux et poursuit ses études. Il m'a expliqué que des agents rôdaient déjà autour de lui. Je lui ai répondu que ce n'était pas le moment de penser à gagner 2 000 euros de plus ! Il ne faut pas brûler les étapes. Je lui ai aussi recommandé de développer son sens critique, de s'impliquer afin de mieux repérer puis écarter les gêneurs. Il faut savoir poser les bonnes questions pour les démasquer. Sinon, c'est la catastrophe assurée. Ce sont des garde-fous rassurants car il y a beaucoup de naïveté chez les footballeurs, dont on oublie souvent qu'ils sont entrés très jeunes dans ce milieu.

J'ai essayé d'éviter cet écueil. A dix-huit ans, j'achetais déjà des revues financières. Ces lectures n'étaient pas forcément passionnantes mais je m'y suis plongé pour m'imprégner du vocabulaire et des concepts, conscient qu'il était primordial, dans cet univers de la finance qui n'était pas le mien, d'en comprendre les enjeux. L'assurance vie, la fiscalité, l'immobilier et la bourse me sont devenus familiers. J'interrogeais mes conseillers patrimoniaux, mes banquiers. En ce temps-là, Alain Giresse faisait la une des journaux pour avoir été ruiné par son agent dans une opération immobilière. Cela m'avait marqué. A vingt ans, je m'amusais aussi à dessiner ma « galaxie professionnelle ». Un véritable organigramme ! Il y avait bien sûr le pôle médical (le corps, déjà), le pôle sportif, la finance, le marketing, les médias. Je gérais ça comme une petite entreprise. La Coupe du monde a été un tournant. Les sollicitations, et pas seulement médiatiques, m'ont obligé à m'organiser encore mieux. Cela m'était indispensable afin de rester concentré sur mes objectifs sportifs. J'ai continué à fonctionner en direct mais en m'entourant de l'avis de spécialistes. Certains sont devenus mes amis.

Comprendre un contrat avait beau être rébarbatif, je l'épluchais scrupuleusement. Je questionnais, j'apprenais, j'avançais. Je ne voulais rien laisser au hasard. Je me suis servi de l'expertise des entreprises avec lesquelles j'ai construit un partenariat (Quiksilver, Danone, Bouygues Telecom, Adidas) pour mieux appréhender les enjeux de la communication d'une marque, les leviers du marketing, les techniques de prise de parole avec les médias. Une façon, également, de mieux gérer mon image.

J'ai aussi eu la chance de rencontrer Franck Riboud, patron de Danone, et Jacques Bungert. Je me suis appuyé sur leurs conseils. Avec eux, désormais des amis, je suis capable de passer des heures à échanger, à propos de marketing, de nouveaux médias, de management des hommes ou de communication.

A Munich, pour ne pas trop cogiter, je supervisais

mes dossiers. Avoir le cerveau constamment en ébullition me rendait heureux et me permettait de lutter contre une solitude parfois pesante. La fin d'une carrière est perturbante. Je ne voulais pas être pris de court. Anticiper toujours, quand c'est encore possible. Adopter, en quelque sorte, et sans se prendre pour autant au sérieux, la Beckenbauer attitude !

# 17

## *L'art du duel*

Je me suis frotté à de sacrés clients. Face à qui la moindre seconde d'inattention pouvait être fatale. Mais il était plus facile de se motiver contre de grands joueurs que face à des inconnus dans un jour faste. En Allemagne, chaque semaine, je rencontrais des joueurs pressés de me surprendre, alléchés par la perspective de « se payer » un champion du monde ! Dans mes duels d'homme à homme, celui avec Luis Figo s'est révélé épique. En 2005, *La Gazzetta dello Sport* l'interrogeait sur les adversaires lui ayant posé le plus de problèmes défensivement. Le Portugais de l'Inter Milan avait répondu, sans citer d'ordre, Paolo Maldini, Roberto Carlos et moi. Plaisant compliment.

Je le lui renvoie. Figo a été pour moi, en un contre un, le joueur le plus talentueux. Il avait une qualité technique et de conduite de balle qui en faisait le meilleur dribbleur que j'aie pu rencontrer. Alors qu'il jouait à Barcelone ou au Real Madrid, je l'ai souvent retrouvé en Ligue des champions. Il fallait le bloquer très tôt, ne pas le laisser prendre de la vitesse. Sinon, une fois lancé, il pouvait enchaîner les slaloms et provoquer sans arrêt. Nos combats étaient parfois musclés. A Munich, je lui avais assené d'entrée un tacle viril. Figo s'était dirigé vers moi et m'avait lancé : « Tranquillo, Liza ! » Je lui avais répondu en espagnol : « Ce n'est pas un match amical aujourd'hui ! » L'attaquant doit toujours sentir l'agressivité de son défenseur. Sinon, il prend confiance et des joueurs comme Figo peuvent te ridiculiser. Mais, en règle générale, j'évitais de discuter avec mon adversaire, pour ne pas laisser place à des sentiments amicaux. Il devait vite comprendre que je n'étais pas là pour plaisanter. Avec Figo, le ton est toujours resté très respectueux et souvent nous échangions nos maillots.

En finale du Mondial 1998, j'ai pris plaisir à annihiler les velléités offensives de Cafu, l'arrière droit brésilien, l'un des meilleurs au monde. David Beckham, lui, était plus fuyant. J'ai régulièrement joué contre lui, face à Manchester ou Madrid. L'Anglais n'est pas un véritable dribbleur, il est donc plus pénible à appréhender. Sans procéder à un réel marquage individuel, mon boulot consistait à l'empêcher de centrer. Beckham ayant tendance à reculer pour décocher ses passes millimétrées, il me fallait donc monter haut pour le chercher : pas très marrant.

Avec le milieu de Parme Mario Stanic, je me suis davantage amusé. Notre confrontation était plus proche de l'esprit rugby : le Croate mesure 190 centimètres pour 85 kilos ! Nous avons collectionné de jolis tampons dans nos duels. Au point que, le match terminé, il avait glissé à Lilian Thuram, son partenaire en Italie : « Putain, il y va ! »

Au Bayern, avant les grands matchs, nous adorions nous allumer en inventant des déclarations prêtées aux adversaires. A quelques jours d'un choc contre le Real, je suis allé trouver le Bosniaque Hasan Salihamidzic. Et je lui ai annoncé : « Dans la presse française, Roberto Carlos jure qu'il a un Salihamidzic dans chaque jambe. Il a ajouté que tu avais une caravane accrochée au cul et qu'aller plus vite que toi ne poserait aucun problème ! » Salihamidzic faisait la même chose en évoquant Figo. Une manière décontractée mais « vicieuse » de faire monter la pression.

Avec Zidane, nous nous sommes toujours refusé, d'un commun accord, à nous défier. « Ziz, je ne peux pas te mettre un tacle. Alors ne m'emmerde pas et va jouer de l'autre côté. » On riait et il le faisait. J'ai toujours été viril dans mes duels.

En revanche, je m'interdisais de viser intentionnellement le genou ou le tibia. Rencontrer des joueurs de ce profil avait le don de me faire disjoncter. Dans le jargon footballistique, on appelle cela des « putes » ou des « tueurs », en fonction du degré de vice du mec. Roberto Ayala en est un spécialiste, avec un goût prononcé pour les chevilles. Je n'ai joué qu'une fois contre lui, à Valence. La réputation de l'Argentin n'est pas usurpée. Je ne comprends pas pourquoi ce genre de type ne prend pas plus de cartons rouges. Les arbitres connaissent pourtant les habitués.

Je suis rarement mal tombé. Mais c'est arrivé. Déjà auteur du but en novembre 1993, au Parc des Princes, qui nous prive à la dernière seconde du Mondial américain, spectacle de désolation auquel j'ai assisté depuis le banc des remplaçants, le Bulgare Emil Kostadinov m'a de nouveau fait souffrir en mai 1996. Au parc Lescure, en finale retour de la Coupe de l'UEFA, les Bordelais, dont je suis le capitaine, reçoivent le Bayern Munich. A la demi-heure, je tacle un ballon devant Kostadinov. Il attend que je glisse et me met exprès une semelle. Un grand classique avec les joueurs vicieux. Je me fais prendre comme un amateur ! Il me broie le genou gauche. Le sang gicle. Je dois sortir sur une civière avec une profonde entaille. Le tendon est à vif ! Direction l'hôpital. Kostadinov n'a même pas reçu de carton jaune. Et dire qu'il s'agissait de mon dernier match avec les Girondins...

A Bordeaux, c'est vrai, j'avais parfois le sang chaud. En 1991, quand les Girondins ont été rétrogradés en deuxième division pour motifs administratifs, j'étais d'une humeur massacrante. Ma progression était linéaire, l'équipe de France n'était plus un rêve inaccessible et voilà que nous étions obligés de descendre pour une mauvaise gestion et non pas pour une raison sportive. Je souhaitais partir, estimant cette sanction injuste.

Deux mois durant, je m'étais braqué. L'entraîneur Gernot Rohr, notamment, avait su trouver les mots pour me motiver. Mais il n'était pas parvenu à m'empêcher de déclencher une bagarre générale. Nous jouions un match amical face à une équipe étrangère. Sur le but, je m'étais chauffé avec un adversaire et une dispute avait éclaté entre nous. Cela avait dégénéré en se transformant en baston générale. Durant ma saison à l'Athletic Bilbao, j'ai été expulsé deux fois. Dont l'une après une altercation avec l'Argentin Killy Gonzalez. J'ai écopé de quatre matchs de suspension. Finalement, je me rends compte que mon attitude est assez influencée par « l'esprit rugby ». On se bagarre à la loyale et on boit un coup après !

Le championnat allemand m'a appris à canaliser mon énergie. Les rencontres se déroulent dans un climat serein. Question de culture. La Bundesliga privilégie la dissuasion. Tout débordement se conclut par des punitions conséquentes pour le joueur et une amende pour le club. Tu réfléchis avant de faire n'importe quoi. En arrivant au Bayern, j'avais vu un joueur prendre quatre matchs pour une poussette. Je m'étais fais la réflexion que ça ne badinait pas avec la discipline et les arbitres. Ceux qui ont le sang chaud apprennent à se contrôler.

Le Bayern m'a apaisé. Je me suis toujours retenu sur le terrain. En une occasion particulière, cependant, j'ai été près de péter une durite. Comme toute l'équipe, d'ailleurs. C'était au stade national de Tokyo, en novembre 2001, sous le regard estomaqué de 60 000 spectateurs. La Coupe Intercontinentale oppose le vainqueur de la Ligue des champions, en l'occurrence le Bayern, à son équivalent sud-américain, la Copa

Libertadores, remportée par Boca Juniors. Les hommes de Carlos Bianchi ambitionnaient de conserver leur trophée. Par tous les moyens. Ce n'était plus un match de foot mais un match de fous ! La partie a été émaillée d'insultes, de tacles vicieux, de coups de coude et de godasse, de tirages de maillots, d'insultes, de crachats, de provocations. Les Argentins s'étalaient sur le gazon dès que nous approchions.

J'étais en transe. Malgré cet état, j'ai essayé de garder mon self-control, à l'allemande. Nous avons gagné la guerre des nerfs, indispensable pour se sortir de ce traquenard. Quelle jouissance, de discipliner ainsi son agressivité. J'avais songé : « Ça y est, je suis allemand, je peux gérer une telle situation.» Ce fut une fierté, d'autant que je suis issu d'une génération de footballeurs qui a grandi avec la fameuse épopée des Bleus lors des Mondiaux 1982 et 1986. Une époque où, comme l'avait souligné l'attaquant anglais Gary Lineker dans une formule restée dans les mémoires : « Le football est un jeu qui se joue à onze contre onze et c'est l'Allemagne qui gagne toujours à la fin.»

Nous avons rendu coup pour coup aux joueurs de Boca Juniors, mais sans jamais disjoncter. Ils n'attendaient que ça ; nous ne sommes pas tombés dans le piège. Nous étions animés d'une colère froide devant leur capacité à pourrir le jeu et l'atmosphère. J'ai échangé des insultes avec quatre joueurs adverses, entrant même en conflit avec leur banc de touche. Ils étaient hystériques. Les remplaçants étaient au bord de rentrer sur la pelouse pour nous casser la figure.

## L'art du duel

Je n'avais jamais connu un tel combat. La révolte positive a été bénéfique : les initiateurs de cette perversion ont craqué. Leur attaquant a été expulsé en fin de première période. L'agressivité qu'ils nous ont obligé à dégager nous a permis de l'emporter aux prolongations, grâce à un tir puissant de Kuffour. Je suis, sur le plan psychologique, très fier de cette victoire. Avec une équipe de voyous, ce scénario pourri aurait pu se terminer en boucherie.

# 18

## *Sous escorte*

L'effroi s'est insinué sans prévenir. C'était un mardi de la fin de l'année 2000. Le 12 décembre. Trois jours après mes trente et un ans. Comme tous les matins, Louisette, ma mère, récupère le courrier. Machinalement, elle décachette l'enveloppe. Sans doute un fan, pour une demande d'autographe. Elle a l'habitude. Sauf que ces deux pages dactylographiées sont d'une tout autre nature. Elles portent le sigle de l'organisation séparatiste basque ETA, un serpent enroulé autour d'une hache. Posté de la rue du Louvre à Paris, le texte est rédigé en basque. Dans le salon de notre maison familiale à Hendaye, mes parents sont choqués. La traduction du document ne laisse planer aucun doute : l'ETA me menace de représailles si je n'acquitte pas l'« impôt révolutionnaire ».

Publiée dans les journaux sans que je connaisse l'origine de la fuite, la revendication est sans équivoque : « Nous ressentons inquiétude et colère car tu as défendu les couleurs d'un Etat ennemi... Tu as été largement payé pour porter le maillot d'un Etat oppresseur avec de l'argent volé aux Basques et au peuple basque. Tenant compte des émoluments reçus de l'ennemi, l'ETA s'adresse à toi. Une non-réponse entraînerait une réponse contre toi ou contre tes biens. »

Méthode infâme. Le Pays basque, c'est chez moi. Personne n'est en droit de m'en livrer le mode d'emploi. C'est mon lieu de naissance. La terre de mes ancêtres, de mes parents. C'est ma terre, mon pays.

J'y ai installé mon camp de base, mon repaire de pirates. A 22 ans, j'ai même poussé mon attachement à ma culture en ayant recours à un avocat pour que, devant l'état civil, Vincent devienne officiellement Bixente, le prénom choisi par mes parents. La secrétaire de mairie avait refusé de l'enregistrer car il ne figurait pas sur le calendrier. Après plusieurs demandes, le procureur de la République de Bayonne a rectifié cette décision en février 1995. Un mois faste : mon fils est né le 16. Je l'ai appelé Tximista, ce qui signifie *l'éclair*. Et j'ai joué une saison à l'Athletic Bilbao, le seul club composé uniquement de joueurs basques, cette expérience m'ayant permis de mieux connaître les Basques espagnols. Mais faut-il encore que je me justifie ?

Il s'agit purement et simplement de racket. Pas le temps de croire à une plaisanterie : la menace est rapidement authentifiée. Ma mère avait pris soin de le vérifier en contactant discrètement un ami, conseiller municipal assurant la coordination entre la mairie et la police. Je m'entraînais à Munich et elle n'avait pas voulu m'affoler. Devant l'insistance de la police, elle m'a alerté. Cinq minutes plus tard, comme par enchantement, l'annonce se répandait partout.

Lionel Jospin, Premier ministre, juge la lettre « absurde dans ses motivations et ses fondements ». Et admet : « Je suis sûr que Lizarazu prendra ça avec beaucoup de calme. J'ai de l'admiration pour le joueur. J'ai eu l'occasion de lui parler. J'ai trouvé un homme équilibré, sensible, avec un vrai regard sur ce qu'est la carrière d'un joueur professionnel. »

L'épreuve est douloureuse pour mes parents et mon frère, qui vivent à Hendaye. Ma mère ne dort plus. Heureusement, ils sont soutenus. Le 14 décembre, les conseillers municipaux, dans une motion exceptionnelle, expriment publiquement leur sympathie aux miens. L'assemblée est au diapason. Un seul, en fait, ne se joint pas à cette déclaration d'indignation. Et dire que ce personnage avait partagé les cours d'école et les terrains de rugby avec mon père. Sa fille aînée est née le même jour que mon frère Peyo. Mais, à la stupeur générale, il a choisi de s'abstenir !

Je le digère mal. Mes parents sont abasourdis. Un mois plus tard, il viendra s'expliquer, assurant que signer aurait été contraire à ses engagements ! La justice l'a rattrapé depuis. Il n'y a pas de hasard.

Cette épreuve est d'autant plus dure que, pendant le franquisme, des membres de ma famille ont donné de la nourriture et du travail aux Basques espagnols. Mes propres parents ont aidé des sympathisants. La cause était noble. Elle est devenue inappropriée. Il faut savoir s'arrêter.

Je porte plainte. La section antiterroriste du parquet de Paris, la Direction nationale de l'antiterrorisme et le Service régional de police judiciaire de Bayonne sont saisis de l'enquête. Les Renseignements généraux m'interrogent sur mon histoire, mon rapport au Pays basque. Je reçois une cinquantaine d'appels de journalistes. Faire face à cette soudaine vague n'est pas évident. Je me sens traqué. Plutôt que de paniquer, je refuse les sollicitations. L'expérience médiatique acquise avec le titre de champion du monde m'aide à conserver mon sang-froid. Mais je me sens très mal à l'aise face à cette situation nouvelle.

Plus pernicieux, je suis blessé au mollet, donc privé d'entraînement et de défoulement. Curieusement, malgré le danger, je n'ai pas vraiment peur pour moi. Depuis la naissance de Tximista, je crains surtout pour lui. Et par ricochet aussi pour nous : qu'il m'arrive quelque chose de grave et que nous ne puissions pas profiter l'un de l'autre serait la pire des abominations.

La rhétorique de l'ETA est dénuée de sens et de cohérence. Aucune somme n'est réclamée. La situation me paraît absurde. Je suis triste, déçu, écœuré. J'ai surtout l'impression d'être manipulé par des gens qui, sous couvert d'anonymat, utilisent ma notoriété pour un coup de projecteur sur une cause qui n'est pas la mienne. Je suis piégé.

Problème : je ne contrôle rien. Pourquoi cette menace ? Je l'ignore encore. Depuis, je suis devenu plus discret quant à l'expression publique de ma basquitude.

Dans cette affaire, le Bayern Munich, mon club, se comporte en seigneur. Franck Riboud, le patron de Danone, emploie aussi des mots forts. Je l'ai rencontré à Monaco lors d'une convention. J'intervenais, il faisait un discours. Dans notre avion du retour, le train d'atterrissage refusait de sortir. Nous avons cru notre dernière heure arrivée. Notre amitié s'ébauchait à peine. Cela ne l'a pas empêché de me joindre parmi les premiers quand l'ETA s'est manifestée. « Si je peux t'aider en quoi que ce soit, tu peux compter sur moi... », m'a-t-il assuré.

C'est exactement ainsi que je conçois l'amitié : compter sur l'autre quand tu es dans la merde. Je suis fidèle et je n'ai pas oublié. Quand vous arrive un tel traumatisme, le tri s'effectue naturellement. Facile de juger de la sincérité des uns et des autres.

Roger Lemerre, lui, sans s'en rendre vraiment compte, a été plus maladroit. Le 27 février 2001, au Stade de France, les Bleus reçoivent l'Allemagne, où je joue depuis quatre ans. Un contexte idéal pour reprendre confiance. Ironie de la situation : l'ancien adjoint d'Aimé Jacquet me fait débuter sur le banc et me l'annonce non sans ambiguïté. « Je ne vais pas te faire jouer. Tu sais, j'ai même hésité à te convoquer. Avec tout ce qu'il se passe autour de toi, la lettre de menaces de l'ETA, j'ai eu peur que tu amènes des ondes négatives sur l'équipe. L'équipe est plus importante que tout, plus importante que toi. »

Je suis scotché. Le sélectionneur craint que ma

présence n'ait un impact néfaste sur le groupe.
J'attendais d'un entraîneur qu'il soutienne son joueur
à fond, en particulier quand il traverse des moments
difficiles. Je le prends mal. Je suis dépité. Il ne mesure
pas la portée de ses paroles, alors que la cicatrice de
l'ETA est là, toute fraîche. Zidane inscrit l'unique but
de la rencontre, avant la demi-heure. Je rentre à la 59ᵉ,
en remplacement de Willy Sagnol, mon partenaire au
Bayern, l'auteur de la passe décisive. Sur la pelouse,
je suis remonté comme une pendule. J'ai envie de
mordre, je suis révolté. Révolté de ne pas avoir joué
toute la rencontre, révolté contre l'ETA, révolté contre Lemerre, révolté contre le ballon, révolté contre la
pelouse, révolté contre tout !

\*

Une année durant, deux gardes du corps délégués
par l'Etat ne me lâchent pas. Ils sont membres de la
Direction nationale de l'antiterrorisme, un service de
police judiciaire spécialiste du terrorisme basque,
corse ou breton. Je découvre un monde parallèle mais
m'efforce de positiver. Etre suivi comme son ombre –
je dois les prévenir de tous mes faits et gestes – se
révèle parfois utile.

Noël 2000, je m'octroie des vacances. Besoin aussi
de me défouler. Direction Chamonix, avec Elsa, son
fils Luigi et Txim. Les gardes du corps suivent le
mouvement. Je les incite à chausser les skis. Tu parles
d'une première mission ! 
Le séjour est idyllique, ou presque. Le 24 décem-

Eté 1977 -Hendaye-
avec mon frère Peyo en tenue
traditionnelle basque.

Eté 1980-Corse du Sud-
avec Peyo- Forza Bastia !

Eté 1983-Bordeaux-
je m'identifie déjà à Björn
Borg, mon idole.

1985-Bordeaux-Centre de formation des
Girondins-on a tous le rêve de devenir
footballeur pro...

Echauffement avec « Marcel Première Lame »- les derniers mots avant de rentrer dans l'arène.

© Stéphane Meunie

© Presse Sports

© Photo News / Gamma

Décembre 1997-Tignes- mes premières courses sur la neige après ma pubalgie- c'est là que tout recommence pour moi...

Avec Ziz, Duga - le triangle magique bordelais

© Gamma

Tutu, Marcel et moi pour un tour d'honneur de folie, nous sommes dans les nuages...

Finale contre le Brésil- chorégraphie avec Cafu.

Ziz me donne la coupe du monde et là il n'y a pas de mots...

Onze Mondial / © Eric Renard

© AFP

*Esprit France 98...*

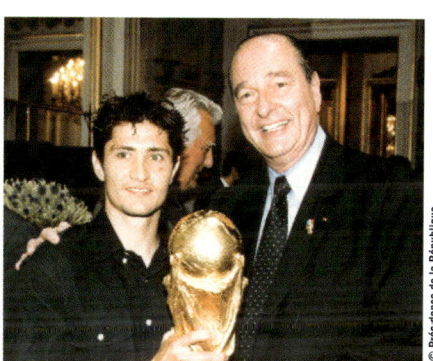

*Monsieur le président de la République*

*Elysée-Légion d'honneur-
mes parents Jean et Louisette
– il semble que nous ayons,
avec mon père, la même
« élégance » à porter le
costard !*

*Juillet 1998-Hendaye-
Hommage par le maire
Raphaël Lassallette devant
5000 personnes*

1996 -Bordeaux-
Quand j'étais...
capitaine

Mars 1996 - Bordeaux- premier frisson européen- nous
écrasons le grand Milan AC
3 à 0

Côté gauche, je déborde encore et toujours !

Bordeaux
—l'insou-
ciance des
premières
saisons

Mes entraîneurs références lors de ma formation d'apprenti footballeur : Pierrot Labat,
Norbert Baudias, et ci-dessus, Peyo Sarratia

Un nouveau titre de champion fêté en culotte bavaroise avec mon ami Lothar Matthäus !

© Presse Sports

Mai 2001-Finale de la Ligue des Champions - Victoire contre Valence - La coupe aux grandes oreilles est à moi !

© Presse Sports

© Alain Gadoffre / Onze Mondial

Mai 1999-Barcelone-Finale perdue contre Manchester-c'est horrible, je suis blessé, je ne la joue pas et nous perdons à la dernière minute.

Kahn arrête le dernier penalty de Valence et nous courons vers lui comme des débiles !

© Alain Gadoffre / Onze Mondial

Novembre 200
Tokyo-Victoire
o contre Boca
Juniors lors de
Coupe
Intercontinent
après un mat
très très très...
bouillant !

© Presse Sports

© Bernard Choquet / Itzala

© Bernard Choquet / Itzala

Champion d'Allemagne 2006 fêté avec
la présence apaisante de Txim

Mon dernier échauffement avec Willy
Sagnol- je suis très tendu...

Mai 2006-Bayern/Dortmund--mon dernier
match -mon dernier maillot- mon dernier
numéro- 69- Merci beaucoup und au revoir.

Défenseur !

© Panoramic

Avec Tutu. Frère d'armes-
moment magique des hym-
nes !

La contre-attaque du défenseur

Une ligne de plus au palmarès - Champion d'Europe 2000

Juin 2004 - Portugal -
France/Angleterre - Une
tête de psychopathe !

Avec Didier, Marcel,
Robert, -fou rire sur
la pelouse après la
victoire contre l'Italie

Eté 1970-Hendaye-L'élégance et physique de mon père Jean sur s planche Barland

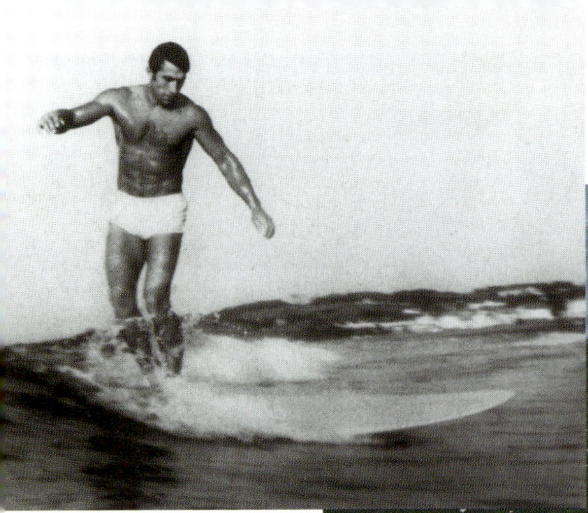

Collection privée

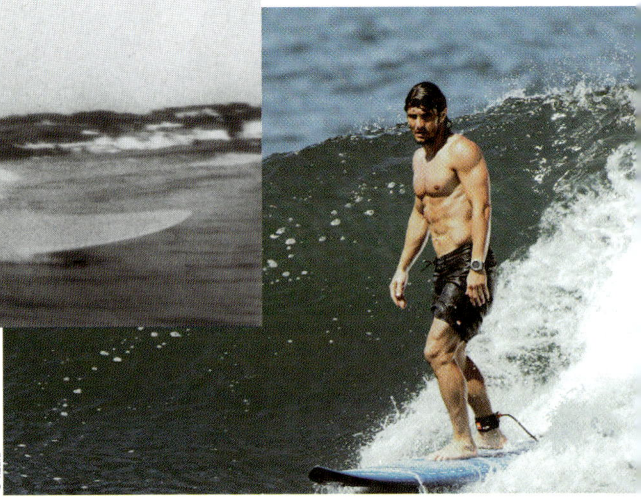

© Itzala

Juin 2005- Bali- 35 ans après- j'essaie de prendre le relais !

Mars 2003 – Ciboure- Peyo défie Belharra, la plus grosse vague d'Europe

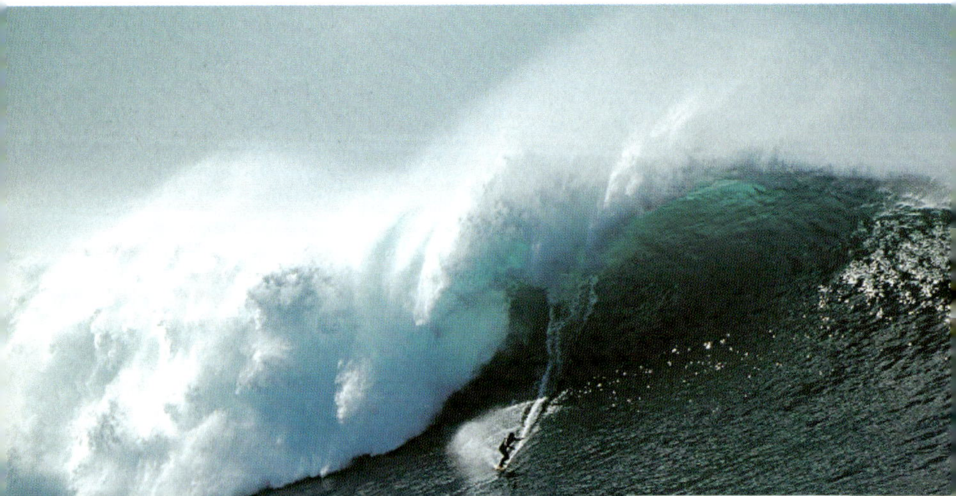

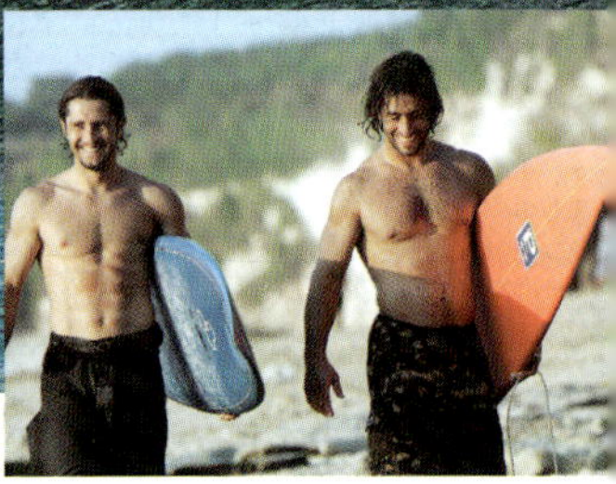

Décembre 2004-Vivement dimanche de Michel Drucker- Peyo, mes parents, Michel, Pierrot Labat

Novembre 2006- Rodrigues- Raid Objectif Atlantide- avec Frank Bruno et mon père - 3 plongeurs et chasseurs de trésors qui n'ont rien trouvé !

Juillet 2000- Hollande- Championnat d'Europe - petit moment de détente avant le combat- avec Elsa, Didier.

Un petit air de famille !

Hiver dans les Alpes - les bronzés font du ski !-avec, Txim, Elsa, Jacques, Nathalie et Henri, Franck, Guy et Isabelle

Txim avec ses grands-parents

Juin 2006- Saint-Jean-de-Luz-concert privé de Matthieu et ses 2 jolies choristes Guillaume et Bixente !

Mars 2007-Lyon-Baptême du feu devant 5 000 per-sonnes- avec Claire et Guillaume

Txim super fier avec ZZ !

Octobre 2006- avec Kelly, Pierre, Bernard et La Quicksilver Family, nous fêtons le huitième titre de Champion du monde de Kelly Slater

Juin 2006- Bidart-les débuts de ma deuxième vie- avec Guillaume, Claire, Txim, Matthieu, Raphaël, Patrice, Olivier

Guy et Michelllllllll en Indonésie !- les Indonésiens n'arrivaient pas à prononcer Bixente

Décembre 2006 —
« The Edge à peu
près » !

Juillet 2000-Ciboure-
Ma voiture à pédale !

939 WF 64

1992-Bordeaux-
Mon émission radio
sur WIT FM-
Invité Nicolas
Hulot

Août 2006-Sumba
Indonésie- petite
partie de foot au
bout du monde...

© Itzala

Mars 2007- Guéthary-
Initiatives océanes-
Nettoyage des plages

© B. Choquet / Itzala

Décembre 2004- Courchevel -Dossard 44- Jean Itzala alias B.Lizarazu - Je suis inscrit à une course de ski sous un faux nom !

Retour aux premiers amours... la pelote basque

Avec le maître, Alain Prost

Décembre 2006- La Plagne- « Iceman » prêt à sauver la planète sur son skeletton !

Janvier 2007- Trophée Andros- Course de voiture sur glace

© G. Pahaut-Boissier

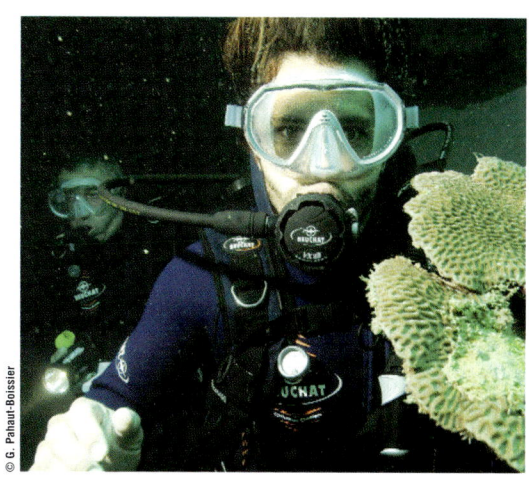

Novembre 2006- Rodrigues- sur les traces de Cousteau !

calito

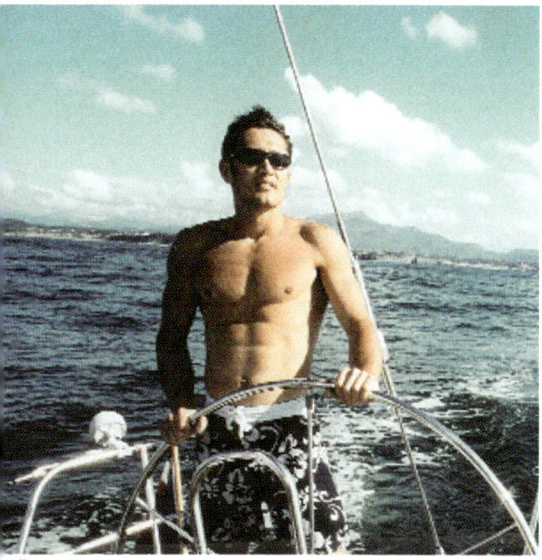

Capitaine de mon bateau, enfin...

Août 1998- Baie de Saint-Jean-de-Luz – la mer, la voile et la liberté

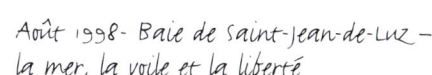

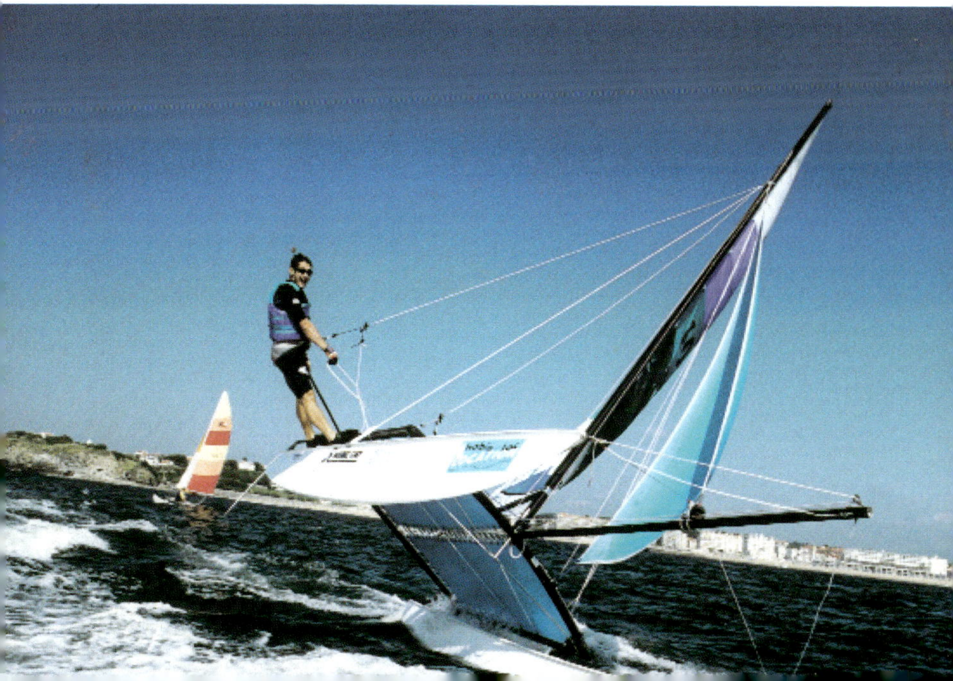

©E. Chauché

Janvier 2007-Guéthary- session hivernale au Pays basque

© B. Choquet / Itzala

Août 2006-Guéthary-Stand up- dis-moi la blonde, on t'a dit que le surf ce n'est pas avec une rame, c'est avec les bras!

© Sylvain Cazenave

Juillet 2005- Saint-Jean-de-Luz- Pirogue avec Peyo et Thierry

Août 2006-Sumba-Indonesie- Mon premier trip surf d'homme libre

© Itzala

© Itzala

bre, impossible de définir le relief du terrain, de repérer les trous et les bosses. On appelle ça un « jour blanc ». J'ai toujours détesté, c'est dangereux. Mais j'aime trop skier. Alors je me lance. Je rejoins une piste, la pente me paraît tranquille. Pour une fois, je descends doucement. Mais je ne vois pas un dénivelé, un mur de deux mètres ! Je chute dans le vide et ma tête heurte violemment la neige.

Je perds connaissance. Panique chez mes nouveaux anges gardiens. Ils me croient mort. Ils ont la frousse de leur vie, avant que je ne recouvre mes esprits seulement trois minutes plus tard. Ils foncent prévenir les secours au pied des remontées mécaniques. L'hélicoptère se pose en urgence. Cap vers l'hôpital de Chamonix. Verdict : traumatisme facial et fracture du nez. Pour des questions d'assurances, skier est interdit aux footballeurs ! J'ai eu chaud. Ce jour-là, j'ai aussi mesuré le fil fragile qui vous relie à la vie.

La protection policière se déplace en Allemagne à la reprise de l'entraînement du Bayern. Tous les jours, je suis conduit au centre d'entraînement dans une berline blindée banalisée. Ils viennent me chercher chez moi, dans une banlieue cossue de Munich. Sur la banquette arrière, je suis coincé entre deux molosses au visage impassible. On se croirait dans un mauvais polar.

Au volant, un autre malabar à l'allemande toujours muet. Pour gagner le vestiaire, nous fendons la haie de supporters. Ma garde ne desserre l'étreinte qu'en présence de mes partenaires. Le soir, je suis raccompagné jusqu'au palier. Ils ne sont pas là pour plaisanter. Ils ont d'ailleurs connu la bande à Baader, fameuse organisation révolutionnaire et terroriste qui a opéré avec fracas en RFA dans les années 1970-1980 ! Dans le véhicule, au-dessus de ma tête, un fusil-mitrailleur. Pas chargé. Peut-être craignent-ils que je m'en empare ! Mais les balles ne doivent pas être loin. Sur le siège, un fusil à pompe. Sur les côtés, logées dans les portes, des meurtrières. Dans le cas où il faudrait dégainer. Je m'imagine dans l'Aston Martin de James Bond. Ce délire où je me mets dans la peau de 007 ôte de la lourdeur à ce rituel pesant et me permet de le supporter. C'est souvent par la dérision que je combats mon stress ou la pression.

L'assistance policière est permanente. Elle s'applique même dans les airs. Aux aéroports, j'emprunte des entrées inconnues, réservées aux chefs d'Etat. J'escalade la passerelle sans passer par la case embarquement. Je monte une fois les passagers installés. Pour quelqu'un qui n'aime pas se faire remarquer, c'est raté.

Dans les restaurants aussi, je suis entouré. Que mes gardes du corps mangent à la table voisine est l'un de mes souhaits. La perspective de les laisser dans la voiture me met mal à l'aise. Un soir à Paris, dans un hôtel, une bagarre éclate à proximité. Deux couples amis se chamaillent, en viennent aux mains. Mes anges gardiens n'ont qu'à quitter leur chaise pour apaiser le climat. En deux secondes, c'est réglé. Trop cool !

Quand je suis au Pays basque, tous les matins se répète un scénario immuable : ils inspectent ma voiture, regardent en dessous, la font démarrer. Les cibles de l'ETA ont, par le passé, reçu des colis piégés.

# Sous escorte

Ils vivent presque vingt-quatre heures sur vingt-quatre avec moi, emboîtent mes pas quand je vais acheter du pain ou faire mes courses. Ils savent tout de moi. Quand je pars pour une séance de voile, ils me suivent en scooter des mers : un parfum de vacances au boulot ! « Avec toi, c'est notre récréation. »

Pour décompresser, à leur contact, j'apprends par exemple la manière de conduire pour échapper à une filature. Ils m'emmènent au centre de tir. J'essaye les armes de poing, un fusil-mitrailleur, celui à lunettes infrarouges. Je teste toutes sortes d'armes de guerre. Cette puissance qui nous submerge avec ce genre d'objet entre les mains est troublante. Je suis horrifié et, paradoxalement, fasciné. Pour dédramatiser, je m'imagine en agent secret, moi qui ai toujours aimé les films d'espionnage.

Parmi les scènes qui m'ont marqué durant cette singulière période, je me rappelle celles avec le juge antiterroriste Laurence Le Vert. Une magistrate à poigne qui avait été chargée de l'enquête sur l'assassinat du préfet Erignac en 1998. Elle était entourée de cinq gardes du corps. Un sacré prix à payer pour la liberté et une certaine idée de la justice.

Pour rejoindre son bureau, j'empruntais des couloirs qui n'en finissaient pas, je franchissais des sas de sécurité. La première fois qu'elle m'a convoqué, mes comptes ont été épluchés. Elle voulait vérifier si j'avais procédé à des paiements ou des retraits. Sans doute ne faisait-elle que son job mais je n'ai pas aimé sentir de la suspicion dans son regard.

Après un an de surveillance quotidienne, la Direction nationale de l'antiterrorisme m'a laissé le choix de poursuivre ou d'arrêter d'assurer ma protection. J'ai penché pour la seconde solution. J'éprouvais un besoin irrépressible de retrouver ma liberté. Je n'ai reçu aucune autre menace. Mais plus jamais je n'ai été le même. Et aujourd'hui, j'y repense encore, parfois, souvent.

# 19

## *Le révolté du banc*

Un bon entraîneur était un entraîneur qui me faisait jouer. Simple, non ? Dans « bon entraîneur », il y a « bon-heur ». Et mon bonheur consistait à être sur la pelouse. Bien sûr, à mes débuts, je ne revendiquais rien. J'évoluais sur le terrain là où le coach me le demandait. Je n'allais tout de même pas la ramener après trois matchs. Aujourd'hui, après une poignée de rencontres en Ligue 1, certains prétendent déjà à l'équipe de France. Soyons sérieux. Je trouve dangereux de laisser croire à un jeune que quelques matchs suffisent pour atteindre le niveau international.

Il n'empêche, je ne supportais pas d'être remplaçant. Je le prenais comme une attaque personnelle. Pire qu'une défaite. Pendant les deux jours qui suivaient, j'étais mal dans ma peau. J'assimilais le fait d'être sur le banc à une déclaration de guerre, même si j'ai gagné en sagesse avec l'âge. Pour moi, ne pas jouer était une aberration. Je trouvais la motivation pour me rendre tous les jours à l'entraînement parce que, au bout, il y avait la récompense : le match du week-end.

Absent de la pelouse, je me sentais inutile. J'étais frustré, envahi d'ondes négatives. Le soir, je dormais encore plus mal que d'habitude. J'avais besoin de trouver un sens à ce que je faisais. Mon boulot consistait à jouer, pas à m'entraîner. Je n'avais pas le profil du joueur qui rentre à un quart d'heure de la fin. Pour moi, un défenseur joue ou ne joue pas.

Sur le banc, j'explosais intérieurement. Je refrénais mes ardeurs mais j'avais des pensées sombres, comme rentrer au vestiaire, prendre mon sac et quitter le stade. J'avais la tentation de m'enfuir. Mais le football est aussi une affaire de diplomatie...

Les joueurs affirmant accepter sans ciller d'être remplaçants et qui placent en exergue l'esprit de groupe sont dans le politiquement correct. Ou alors ils font semblant de le prendre avec le sourire. On ne peut pas s'accoutumer à ça. Un compétiteur ne peut pas se résigner à figurer sur le banc. Jamais. J'aurais été incapable de tenir en faisant « banquette ». J'aurais pu me raisonner en songeant que j'étais très bien payé mais, comme souvent dans la vie, ce n'est pas le sujet. Cela ne me suffisait pas. Certes, tous les salariés du monde aimeraient être remplaçant d'un grand club. Mais j'ai l'esprit de compétition et j'aime trop le jeu. Je n'ai jamais été un fonctionnaire du football.

Par chance, j'ai été titulaire 95 pour cent de ma carrière. Tout dépend aussi des explications de l'entraîneur. Faire tourner son effectif pour apporter de la fraîcheur est la seule explication que je comprenais. Au Bayern, je cédais sans problème à Ottmar Hitzfeld quand il souhaitait me voir souffler. Je sentais de la sincérité dans ses convictions. Ce n'était pas un piège, il n'y avait pas d'embrouille. J'avais développé avec lui une telle confiance que je me sentais capable de lui dire : « Coach, je suis un peu fatigué, j'aimerais ne pas jouer le prochain match. » Il nous responsabilisait, anticipait les coups de blues, me rassurant quand il sentait qu'il me fallait embrasser mon fils : « Vas-y, pars deux jours. »

Fin, sensible et sincère, Hitzfeld savait que je reviendrais chaud comme la braise pour le remercier après un séjour express au Pays basque. J'étais honnête envers lui et réciproquement. Sur le plan du management des hommes et de la psychologie, il est assurément ce que j'ai connu de mieux dans le football. C'est aussi pour ne pas perdre ce lien avec lui que je suis resté au Bayern alors que j'avais reçu une proposition alléchante de Manchester United.

Un entraîneur est le garant du bon fonctionnement d'un groupe. Il doit être un guide, responsabiliser les joueurs, accepter l'idée que, pour obtenir des résultats, ceux-ci ne soient pas des assistés. Ce n'est pas un hasard si j'ai pratiqué mon meilleur football en club avec Hitzfeld. Je donnais tout, j'avais envie de m'arracher pour lui. L'expression de mon métier était optimisée sous ses ordres.

Je ne dirais pas cela de tous ceux que j'ai connus. J'ai toujours été très instinctif pour renifler ceux qui me tenaient des discours qui sonnaient faux. Je n'étais pas difficile à manager mais, quand je sentais la confiance brisée, ce n'était plus la peine d'insister. C'est pour cela qu'il a parfois fallu que je parte pour ne pas entrer frontalement en conflit.

Bien sûr qu'il faut des titulaires et des remplaçants dans une équipe. Il importe de définir des statuts clairs, sauf peut-être pour certains postes où la tactique peut faire la différence. La rotation systématique prônée par certains n'est à mon sens pas une solution productive. Avec la mise en place d'un tel système, les joueurs n'arrivent pas à trouver leur rythme. La notion de statut n'est pas seulement une boursouflure de l'ego. Le onze de base doit le rester, avec trois changements possibles autorisés par match. J'aime le principe de : « Jusqu'à preuve du contraire, j'aligne les meilleurs. » Il doit exister un numéro un et un numéro deux. Le numéro un *bis* est un artifice de communication, pas une stratégie durable. Le joueur se retrouve alors dans une situation où il a le cul entre deux chaises.

Cela ne doit pas s'incarner par un passe-droit. Si le joueur ne répond pas à la confiance accordée, s'il traverse une baisse de régime, accuse un contrecoup physique ou a le moral atteint, alors l'entraîneur peut décider une modification dans l'équipe. Mais seulement dans ces contextes. Je ne suis pas en phase avec les entraîneurs qui managent leur équipe comme ce qui se pratique dans le basket, avec des changements en permanence. Ce n'est pas ma conception de ce sport et de la psychologie d'un sportif.

Pour ma dernière saison au Bayern, j'avais une sorte d'accord avec le club. Il avait été décidé que j'alterne avec Philipp Lahm, l'arrière gauche de l'équipe nationale. Sa progression avait été stoppée par des blessures : fracture du pied droit puis déchirure des ligaments croisés du genou droit. Lahm préparait sa Coupe du monde, organisée chez lui en Allemagne, et c'était mon successeur au Bayern. J'ai joué le jeu. Le Bayern, avant le Mondial 1998, avait fait de même avec moi. Après une discussion entre les dirigeants et Aimé Jacquet, l'entraîneur, l'Italien Giovanni Trapattoni, m'avait lancé plus régulièrement une fois revenu d'une longue indisponibilité. De quoi retrouver le rythme et convaincre Aimé Jacquet qu'il avait raison de me prendre dans son groupe.

Compte tenu de cet antécédent, même si je déteste ces situations bâtardes, j'ai fait l'effort. J'ai pris sur moi, parce que c'était le Bayern, un club ayant toujours adopté un comportement exemplaire à mon égard. J'ai accédé au souhait de Felix Magath, l'entraîneur : que Lahm et moi nous partagions le temps de jeu. Avec du recul, j'en suis fier car la transmission avec Lahm s'est bien passée. Il a réalisé une très belle Coupe du monde en Allemagne et il a parfaitement assuré ma relève au Bayern.

Pour ma part, j'ai pu terminer ma carrière dans de bonnes conditions même si, en seconde partie de saison, j'ai à mon tour connu de petits pépins musculaires, selon moi autant psychosomatiques que physiques. Je commençais à flipper à l'idée de devoir arrêter mon métier. Les derniers mois à Munich ont été pénibles. Pour dormir, j'avais parfois recours à un somnifère afin de lutter contre mes nuits agitées.

Felix Magath a été un milieu défensif conquérant. Il a remporté le championnat d'Europe en 1980 avec l'Allemagne, participé à deux finales de Coupe du monde. Il a aussi inscrit pour Hambourg en 1983 le but de la victoire en Ligue des champions contre la Juventus Turin de Michel Platini. Entre Magath, l'entraîneur et moi, les relations ont finalement été loin d'être aussi profondes que du temps d'Hitzfeld. Mais j'ai pu travailler librement avec lui. Et, pour mes adieux, nous avons remporté un nouveau doublé Coupe-championnat !

A la fin janvier 2007, Felix Magath a été congédié après une série de mauvais résultats. Le Bayern Munich, pour relever la situation, a sollicité sans surprise Ottmar Hitzfeld, surnommé « le Général ». A cinquante-huit ans, cet ancien professeur de mathématiques et de sport s'était accordé deux années sabbatiques. Je suis heureux de son retour sur le banc du Bayern. Et je souscris avec Beckenbauer quand il affirme : « Hitzfeld est le meilleur entraîneur en Bundesliga de la décennie. » Pour moi, je dirai même qu'il est l'un des meilleurs au monde.

# 20

## *Podium*

Dans le ciel étoilé du Stade de France, en grimpant les marches pour aller cueillir la Coupe du monde, j'ai croisé mon père. Il était en larmes, j'étais très ému. Quand tu as participé à une telle aventure, ne pas apparaître sur les images peut sembler anodin. Pourtant, ce genre de souvenirs est important lorsque, plus tard, tu feuillettes l'album. Avec une malice teintée d'ironie, Marcel Desailly avait l'habitude de dire que, pour être mieux vu, il convenait soit d'être près de Zidane, soit près du trophée. Au final, j'ai eu les deux. Sans que cette démarche soit volontaire, j'ai obtenu le meilleur rôle : Ziz me tend la Coupe. Celle que Pelé et Maradona ont brandie avant moi. En la soulevant ce 12 juillet 1998, dans un crépitement de flashes, j'ai eu le sentiment de planer au-dessus du monde. Tout s'était figé. C'était magique. Cette photo est pour moi inestimable. Elle raconte beaucoup, elle raconte tout !

Je sais que de nombreux enfants ont été conçus

cette nuit-là. Chacun sa manière de célébrer l'événement ! Tout le monde se souvient de ce qu'il faisait et de l'endroit où il était pendant ce France-Brésil. L'histoire entre Jean-Charles Sabattier et Nathalie Ianetta, deux journalistes de Canal+ qui me sont très proches, a démarré après le match. Paradoxalement, j'étais si concentré durant le Mondial que j'ai mis trente-six heures à redescendre sur terre. La réception par le président de la République, le défilé perché en haut du bus sur des Champs-Elysées noirs de monde : je n'ai pas vraiment réalisé. J'ai eu l'impression d'être un robot. Je n'ai pu relâcher la tension accumulée qu'au Pays basque, loin de l'agitation. A cause de cet état, je n'ai pas pleinement profité de l'euphorie. J'en ai été frustré.

Pendant un mois, nous avions vécu en vase clos. Nous étions conditionnés, obsédés par l'objectif assigné : remporter la Coupe du monde. J'aurais aimé que l'on se lâche après la finale. Mais, une fois la remise du trophée effectuée, nous sommes repartis en bus à Clairefontaine. Nous avons passé une agréable soirée entre nous. Mais j'aurais voulu plus de folie, de partage et surtout quitter le château, comme un adolescent qui fugue de sa maison.

Nous sommes restés enfermés parce que nous n'avions pas prévu de scénario en cas de victoire, pour ne pas nous porter la guigne. Ce soir-là, j'aurais aussi voulu voir mon fils, mes potes, mes parents. Prendre un bain de foule, m'asperger de champagne et de bière. Ecouter de la musique, contempler les visages heureux dans les rues, voir les gens danser. Fabien

Barthez a été le seul à ne pas passer la soirée du 12 juillet avec nous. Il a disparu... Je me suis rattrapé deux ans plus tard, à l'Euro, où les Bleus ont été l'équipe la plus séduisante. Nous avions davantage de talent et de qualité technique qu'en 1998. Mais je garde une tendresse particulière pour le Mondial. L'esprit guerrier, l'abnégation, le mental étaient plus intenses. Cette force collective n'a jamais été dépassée. D'ailleurs, en finale, nous avons frisé la désillusion, face à des Italiens au point tactiquement. Ils sont parvenus à nous contrer. Nous ne trouvions pas la parade, butant sans cesse avant que la situation ne se décante sur le fil. Le but en or de David Trezeguet inscrit, nous sommes une poignée à être restés assis en tailleur sur la pelouse du stade De Kuip, à Rotterdam.

Vingt minutes plus tard, nous étions toujours là. Didier Deschamps et ses cent une sélections, Lilian Thuram, Marcel Desailly, Sylvain Wiltord, Robert Pires, Patrick Vieira, Thierry Henry et moi. Nous savourions, véritablement, gommant la frustration du Mondial où tout était allé trop vite. Ce mouvement s'était dessiné spontanément. Plutôt que de courir dans tous les sens, nous nous étions posés. Nous rigolions comme des gamins, songeant : « Putain, c'est vraiment trop bon ! On a eu chaud mais on a battu les Italiens, eux qui nous avaient provoqués lorsqu'ils menaient au score. » Sans compter quelques plaisanteries que je ne pourrais jamais divulguer ! Nous avions la tête perchée dans les nuages. Nous n'étions pas pressés de redescendre sur terre.

Personne ne pouvait nous enlever notre cadeau. Le sommet de notre aventure. Un moment de partage, de grâce. J'adore cette photo où nous sommes allongés sur l'herbe, entouré des copains, avec un sourire béat. Comme si nous participions à un pique-nique. J'y tiens d'autant plus que c'est l'unique trace de ma participation. Par ma faute, je ne figure pas sur la photo officielle de la Coupe. Je n'existe pas, c'est abominable. Je me suis battu comme un enragé pour remporter cet Euro et voilà que je disparais du cadre. Je suis le seul dans ce cas. La raison est stupide : au moment où Didier lève le trophée tandis que les confettis voltigent, je suis tombé de l'estrade. Mes pieds se sont dérobés sous moi et je me suis retrouvé par terre, les quatre fers en l'air. Le temps de me relever et de réapparaître, les flashes avaient arrêté de bourdonner. Ridicule ! Comme cela peut paraître ridicule d'être énervé de ne pas apparaître sur la photo. Mais il faut comprendre que, pour moi, une photo est aussi un instant de vie que l'on capte, une image qui maintient la mémoire en éveil. Avec le temps, tout s'en va... Et certains instants méritent d'être figés pour l'éternité.

# 21

## La mécanique du corps

L'individualisation de l'entraînement représente à mon sens l'avenir du football. Joueur, j'aurais préféré bénéficier de trois sessions personnelles par semaine, établies en concertation avec le préparateur physique, et d'autant en groupe, où l'on aurait abordé les questions tactiques. J'ai essayé de trouver mon équilibre entre la discipline collective propre à une équipe et mes aspirations intimes. Le football privilégie l'uniformité. A tort. Comment un joueur de mon gabarit peut-il travailler de la même façon qu'un autre, grand et longiligne, tel Laurent Blanc? Nos efforts physiques n'avaient rien à voir, nos courses dans le match non plus. Pourtant, excepté les gardiens de but, tout le monde pratique le même entraînement.

Ces distinctions entre les morphologies, les postes et la condition physique du moment m'ont toujours paru indiscutables. Après les séances de groupe, je m'astreignais à des exercices individuels. L'entraînement du futur impliquera forcément plus de spécialisation. Que l'on s'inspire du rugby, où cohabitent déjà un entraîneur pour les lignes d'avants et un autre pour celles des arrières. Problème : le football a du mal à sortir de ses habitudes. En vingt ans de carrière, je n'ai observé que peu de changements. L'incursion dans le staff du préparateur physique, dont le travail consiste à améliorer le potentiel athlétique du joueur et faire en sorte que notre pic de forme survienne dans les périodes cruciales, a été l'unique évolution notable. Et capitale. Dans ce domaine, l'explosion est pour bientôt. Jusque-là, l'entraîneur décidait de tout.

Le Milan AC semble précurseur dans le développement du secteur médical. Le club a entamé un processus pour tendre vers davantage d'efficacité individuelle grâce au Milan Lab, un laboratoire ultrapointu de recherche scientifique. Quarante ordinateurs dressent la carte d'identité numérique du joueur ; celle-ci est réactualisée deux fois par mois. Les tests en tous genres, de la kinésiologie à l'étude de la dentition en passant par la physiothérapie, sont poussés à l'extrême. On trouve au Milan sept préparateurs physiques, cinq physiothérapeutes et une psychologue. Du véritable sur-mesure. Ce mode de fonctionnement me semble indispensable. Ce n'est sans doute pas un hasard si des joueurs comme Paolo Maldini (trente-huit ans) et Alessandro Costacurta (quarante ans) peuvent continuer à évoluer au plus haut niveau au Milan.

A contrario de la tendance actuelle dans le football, je n'ai jamais été un adepte de la musculation avec machines et haltères. J'estimais que cela engendrait une usure précoce du corps, que j'avais envie d'emmener à bon port, sans casse. Je pratiquais donc la musculation beaucoup plus en harmonie, travaillant avec le poids de mon propre corps : pompes, tractions, abdominaux. Quand on entretient un rapport au corps aussi poussé, des rituels s'installent. Je m'adonnais ainsi à des étirements et des exercices musculaires avant chaque entraînement. Après la séance, je buvais un litre d'Apfelschorle, une boisson rafraîchissante qu'on ne trouve qu'en Allemagne, composée pour moitié de jus de pomme et d'eau minérale pétillante. Je me faisais masser par le même kiné parce que sa main savait parler à mes muscles. Tous ces rituels me rassuraient. Je hais la routine mais, dans le sport, certaines habitudes ont l'avantage de fixer un cadre de travail et s'apparentent à une gymnastique quotidienne.

A l'internat, je réglais le réveil avant l'heure de la sonnerie générale. Dès treize ans, j'enchaînais, seul, pompes, streching et abdominaux. J'étais déjà super motivé. Le genre de petits trucs qui font la différence sur le long terme.

Le corps humain est une mécanique précise, qu'il faut ménager pour ne pas la dérégler. Je l'ai compris très jeune. C'est devenu encore plus concret après ma pubalgie. Jusque-là, je m'interdisais de lever le pied. Cela m'a révélé qu'il fallait davantage écouter mon corps, composer avec ses petits messages. J'ai mesuré concrètement l'interaction entre le corps et l'esprit. Compris qu'une blessure avait de grandes chances d'arriver en période de stress psychologique.

Je ne m'explique pas que l'enseignement scolaire soit si lapidaire dès lors qu'il s'agit de parler anatomie, de commenter le fonctionnement et les secrets du corps humain, la façon de l'entretenir pour moins souffrir. Cela répond pourtant à certaines problématiques. Le physique est lié au mental. La paix de l'esprit se traduit par la paix du corps. Je commence à bien connaître le mien et ses faiblesses, avec un bas du dos fragile, des mollets sensibles et un cartilage du genou abîmé. Pour mieux développer ma respiration et ma souplesse, j'ai aussi pratiqué le yoga. J'ai dévoré plein de livres dessus. J'ai également expérimenté la sophrologie comme technique de relaxation. J'avais potassé le sujet durant mes études universitaires, apprenant par exemple les bienfaits du training autogène de Schultz, basé sur la suggestion et l'auto-hypnose. Je me suis nourri instinctivement de ces éléments pour optimiser ma condition physique et augmenter ma concentration.

Au niveau médical, j'ai découvert l'ostéopathie. Une pratique thérapeutique aux résultats avérés pour la remise en forme et pourtant regardée avec circonspection. Les charges d'entraînement sont lourdes et source d'agressions comme de déséquilibres. L'ostéopathie intervient pour redonner de l'équilibre au corps. Je me plais à penser que le sportif de haut niveau est comme une Formule 1. Nous ne pratiquons pas du sport de loisir mais poussons nos muscles et nos articulations à l'extrême. La mise en danger est une réalité incontestable. En F1, un mécanicien opère des réglages après la course. C'est pareil pour les footballeurs et c'est le boulot des ostéopathes. Ils refont tous les petits réglages et aident le corps à retrouver toute sa fluidité et son équilibre. Quand les blocages sont trop importants, ils peuvent aussi libérer les tensions du corps par leurs manipulations. Sur la diététique aussi, j'ai toujours été vigilant. Mon hygiène de vie était stricte. Poisson, pâtes, salade de crudités, soupe de légumes, salade de fruits, viande blanche, voilà l'inventaire de ma nourriture quotidienne durant vingt-trois ans. Mes interdits : sauces, charcuterie, alcool, graisses. Mes péchés se limitaient au café et aux M&M's. Soit une façon de faire la révolution à une discipline !

Sur le plan mental, je me protégeais de ce qui pouvait augmenter mon stress, au point de me réfugier dans une bulle. Une attitude globale entièrement au service de la performance. Une forme d'engagement, en somme. J'étais sportif vingt-quatre heures sur vingt-quatre. Etre professionnel ne se limitait pas aux trois heures d'entraînement quotidien. Je ne m'autorisais pas le moindre relâchement. Lors de mes rares sorties, je surveillais mon alimentation et je ne buvais pas n'importe quoi. Dans le cas contraire, le lendemain, à l'entraînement, l'excès ne pardonnait pas.

Dans le football, j'ai toujours eu une vision de durée. Je n'ai pas fait des coups. Ma carrière a été régulière, sans trop de montagnes russes. Celui qui ne se donne qu'à 50 pour cent n'atteindra que la moitié de son potentiel. J'ai vu des joueurs superdoués. Mais il leur manquait l'envie, la rigueur et l'acharnement. Je suis un acharné et un jusqu'au-boutiste. Pour une raison simple : je déteste avoir des regrets. J'ai exercé ce métier avec passion et détermination. Tout n'a pas été marrant, surtout pour un épicurien comme moi. Il faut savoir ce que l'on veut et choisir ses priorités...

# 22

## « *Tous dopés !* »

Je ne supporte plus ce raccourci de café du Commerce. La diététique et l'hygiène de vie d'un footballeur ne sont pas ordinaires. Dans les clubs, la préparation physique est optimisée par toutes sortes d'attitudes et d'habitudes. Cela va du traditionnel plat de pâtes englouti trois heures avant le match car il apporte beaucoup de sucres lents aux boissons de récupération pour éliminer les toxines musculaires, en passant par des chaussettes de contention pour une meilleure circulation du sang dans les jambes ou des stages d'avant-saison en altitude afin d'augmenter naturellement le taux de globules rouges.

Quand on est sportif de haut niveau et que l'on dépense autant d'énergie, il est aussi très important de faire des prises de sang régulières afin d'élaborer un bilan biologique et déterminer ses carences vitaminiques ou minérales. Il est alors permis, en fonction de ses besoins, de procéder à des cures de fer, de magnésium, de zinc, de vitamine C ou d'oligoéléments. L'essentiel est de permettre à son corps de toujours rester dans un bon équilibre biologique pour limiter les coups de fatigue.

Encore une fois, parler de science de l'entraînement et de vigilance médicale ne doit pas laisser penser, par une sorte de glissement sémantique dangereux, qu'il s'agit de prêter le flanc au dopage ou à la médicalisation de la performance. Je le répéterai sans relâche : toute forme de dopage est insupportable.

Je ne suis pas candide. Bien sûr que le dopage existe dans le sport. Tout autant que la tricherie est utilisée par certaines brebis galeuses dans la vie de tous les jours. Cette façon de contourner l'obstacle doit probablement être inscrite dans les chromosomes de la nature humaine. Mais c'est, j'en suis sûr, le fait d'une minorité d'individus.

Pour moi, se doper, donc se détruire la santé, est un non-sens total. J'ai toujours pris soin de mon corps. Il n'était pas question de prendre de risques avec mon carburant. J'aime trop la vie pour jouer avec elle. Le dopage fait en plus bafouiller la notion d'équité.

J'ai évidemment suivi la polémique autour du docteur Eufemiano Fuentes. En décembre 2006, *Le Monde* affirmait, documents confidentiels à l'appui à base d'inscriptions codées, que quatre clubs espagnols, dont le Real Madrid et le FC Barcelone, entretenaient des liens avec ce personnage au centre d'un vaste scandale de dopage sanguin dans le cyclisme. Je ne peux pas croire que deux clubs aussi historiques, aussi scrutés par les médias et avec des dirigeants ayant autant de responsabilités, aient recours à un dopage organisé. Je reste sceptique et, pour l'instant, personne n'a apporté de preuves.

A ma connaissance, et jusqu'à preuve du contraire, le dopage dans le football ne peut résulter que d'une démarche personnelle ou ponctuelle. Il n'y a pas de réseau spécialisé, ni de culture du dopage dans le football. Les cas ne peuvent qu'être individuels ou isolés, j'en suis convaincu. Je n'ai, dans ma carrière, jamais été le témoin d'un quelconque acte dopage. Je n'ai pas non plus été sollicité, de près ou de loin, pour prendre un produit interdit. Quand je me sentais proche de la rupture, je pouvais calmer le jeu pour ne pas me mettre en danger. Lorsque je ressentais des douleurs successives ou une grosse fatigue, j'anticipais. Je demandais à Ottmar Hitzfeld, au Bayern Munich, de me ménager aux matchs suivants. Il faut savoir lever le pied, ce que tolère le sport collectif mais pas des sports individuels comme le cyclisme. Avec le recul, mes blessures ont été une bénédiction. Elles m'ont permis de souffler et d'éviter la grosse casse.

J'ai du mal à supporter cette manie de douter systématiquement de l'honnêteté et de l'intégrité des sportifs, en particulier lorsque cela touche les équipes ou les champions qui gagnent. Avant de porter une accusation sur la place publique, des preuves s'imposent. Je sais qu'ils ont été quelques-uns à être persuadés que, si l'équipe de France a été championne du monde en 1998, c'est parce qu'elle se serait dopée. Et quatre ans plus tard, lorsque les Bleus ont été éliminés dès le premier tour, nous aurions perdu le produit miracle ? Ridicule.

Il est heureusement permis de gagner sans utiliser de produits dopants. Je suis toujours surpris d'entendre que l'omerta régnerait dans le football. Mais de quelle loi du silence parle-t-on ? Les performances des joueurs sont décryptées tous les jours, les comportements étudiés à la loupe. Parfois des contrats sont publiés dans les journaux avant même que le joueur soit au courant. Le football est loin d'être un milieu qui a la culture du secret. Tout le monde parle car ce sport passionne les gens. Je ne vois pas comment, dans ce contexte médiatique surexposé, on pourrait arriver à cacher quelque chose.

Mais le danger est à nos portes. Quand je vois que la Ligue professionnelle de football accepte, en France, qu'une équipe puisse jouer avec seulement deux jours de récupération dans l'intervalle entre deux matchs, c'est insensé. On ne veut pas que le sportif se dope et, pourtant, on augmente chaque année sa charge de travail tout en diminuant ses temps de récupération. C'est aussi ça, l'aberration du système.

# 23

## Sur le billard

Mon sommeil s'est détraqué avec ma pubalgie. S'endormir devenait une bataille au quotidien. Avec cette blessure qui revenait de façon chronique, je ne contrôlais plus rien. Le football n'était pas loin de m'abandonner. Mon corps, que je croyais jusque-là indestructible, me lâchait. J'étais désemparé. Je perdais complètement confiance en mon physique. Je me sentais fragile. Je ne m'en sortais pas. La galère, la vraie.

Satanée pubalgie. D'après le *Petit Robert*, il s'agit d'une « inflammation des tendons qui s'insèrent dans la symphyse pubienne ». Elle s'est déclenchée en décembre 1995, lors de ma dernière saison aux Girondins. Epargné jusque-là par les pépins, je n'y ai, au début, guère prêté de considération. Le mal s'est développé à l'Athletic Bilbao. Je m'étais mis une énorme pression en Espagne. Il s'agissait de mon premier changement de club et, pour ne rien arranger, mon transfert dépassait le cadre sportif.

J'avais beau me soigner, je ne parvenais pas à exprimer pleinement mon potentiel athlétique. Une épreuve usante mentalement et physiquement. Je souffrais dans ma chair. J'endurais de ne pas pouvoir être bon sur le terrain. J'avais l'impression de me battre contre un mal invisible.

Cette blessure fréquente chez les footballeurs provient d'un surmenage, dû à un excès d'activité et à un manque de récupération. Elle se concrétise par une lésion des muscles adducteurs de la cuisse, une autre de la sangle musculaire de l'abdomen, ou encore par une ostéoarthropathie du pubis due à des microtraumatismes. D'ordinaire, kinésithérapie, antidouleurs et repos sont suffisants pour traiter cette « merde ». Mais décidément, cette maudite lésion était résistante. Les médias espagnols commençaient à s'interroger.

Je fulminais car je ne trichais pas. J'étais juste hors service. Pire, mes problèmes de santé rejaillissaient sur ma vie familiale. Je perdais le goût de tout. Les avis des médecins étaient contradictoires, ils se critiquaient entre eux. Les soins récurrents ne provoquant pas d'amélioration notable, j'ai décidé de me faire opérer en novembre 1996, à Strasbourg, par le professeur Jean-Henri Jaeger, spécialiste de la traumatologie du sport. Ce fut un échec. J'ai eu de nombreuses séquelles et j'ai souffert de longs mois, gardant la trace de deux cicatrices de dix centimètres au bas-ventre.

J'ai alors mesuré combien mon métier était pour moi quelque chose de primordial et à quel point il conditionnait mon équilibre d'homme. La période de rééducation n'a pas été agréable. J'avais pris le traumatisme de l'opération trop à la légère. J'étais impatient. Je n'imaginais pas que revenir à mon niveau initial réclamerait autant de temps. Je m'interrogeais sur la suite de ma carrière. J'étais proche du point de rupture.

Au Bayern Munich, j'ai dû à nouveau passer sur le billard, en septembre 1997, car un nerf était apparemment comprimé par la première opération. Il me provoquait toujours des douleurs. J'étais de plus en plus mal dans ma peau. La veille, dans une forme de désespoir – je me rends compte de la stupidité de ma réaction –, je me suis pris une méchante cuite à la fête de la bière. Au bistouri, une femme qui opérait à la chaîne. Dans 90 pour cent des cas, elle incitait ceux qui la consultaient à passer sur le billard. A croire que l'on peut mélanger santé et business. Cette opération non plus n'a servi à rien. Elle a entraîné plusieurs mois d'indisponibilité supplémentaires. Je replongeais. J'y pensais jour et nuit. J'étais coupé du monde. Mon moral était au plus bas. Nous avons rompu avec Stéphanie, la mère de Tximista, à ce moment-là. Cette séparation a été paradoxalement salvatrice car elle m'a permis de démarrer un processus de reconstruction. La tension de nos relations s'était déplacée de l'esprit sur le corps.

J'ai tout recommencé à zéro. A tous points de vue. J'ai repris progressivement l'entraînement, d'abord avec les éclopés, insistant sur les étirements et travaillant sur mes cicatrices. J'ai eu la chance de trouver un centre de rééducation performant, près de Munich.

J'étais soigné par Oliver Smithline, excellent kiné ostéopathe qui, quelques années plus tard, rejoindra le staff médical du Bayern. Début février 1998, après cent dix-huit jours sans compétition, j'ai repris en championnat face à Hambourg.

Dans la foulée, j'ai mis sur pied une structure légère, composée du docteur Muller-Wolfart, le médecin du Bayern, de Claude Montero, le médecin des Girondins, de son homologue ostéopathe et étiopathe Eric Robinson, du médecin des Bleus et de Lyon Jean-Marcel Ferret, ainsi que de Philippe Boixel, l'ostéopathe de l'équipe de France. J'aurais dû écouter ce dernier plutôt que de me faire opérer. Ne manquait plus qu'un marabout !

C'était ma vie, ma carrière. Il fallait que je reprenne les choses en main. Je suis devenu plus méfiant à l'égard de la médecine traditionnelle, ne considérant plus le diagnostic comme parole d'Evangile. Je confrontais leurs avis et, chacun à sa manière m'a aidé à redonner de la souplesse et de l'équilibre à mon corps. Je m'étais recentré sur moi-même. Je contrôlais le moindre de mes mouvements, la moindre de mes émotions. Je m'étais ouvert de nouveau au yoga et j'avais adopté une hygiène de vie draconienne. La Coupe du monde approchait. Elle risquait de me filer entre les doigts. Aimé Jacquet ne m'a heureusement jamais abandonné. Ses appels téléphoniques étaient une bouffée d'oxygène.

J'ai appris à bonifier mon mental pour compenser la perte physique consécutive à ma blessure. Un mois avant le Mondial, je ressentais encore des gênes. Pour

## Sur le billard

tenir le coup, je me visualisais comme un marin pendant un tour du monde en solitaire, obligé de traverser les tempêtes, de colmater les avaries et d'avancer dans la mer démontée, en me disant que ce parcours initiatique me ramènerait, tôt ou tard, vers des eaux plus douces. Je ne pouvais pas rentrer en France la tête basse. Je n'aurais pas pu vivre avec cet échec. Le soleil est enfin revenu. La victoire du 12 juillet 1998 a clôturé cette sale période. Elle m'a donné un nouvel élan et permis de reprendre confiance en mon corps, donc finalement aussi en moi.

# 24

## *Simone*

Aujourd'hui, je possède cinq ou six guitares. « Simone » est le nom de ma guitare classique espagnole achetée à Munich. Lors de ma dernière saison au Bayern, logé dans le cossu hôtel Kempinski, au milieu de Maximilianstrasse, l'élégante artère principale de Munich, elle était toujours à portée de main. Après un déjeuner de poisson au Brenner, ma cantine, je regagnais ma forteresse, à deux pas. Je me préparais un Nespresso Voluto avec quelques M&M's puis plaquais quelques accords. Cela égayait ma solitude, pimentait ma vie à l'hôtel.

La musique m'apaise, m'aide à me relaxer. J'en ai besoin, elle est vitale à mon équilibre. Si je me défoule au sport, la guitare me fait planer. Je déteste rester enfermé. Plutôt que de tout casser, je joue !

A Munich, je grattais parfois tard et fort. J'étais plongé dans mes délires. Plusieurs fois, le concierge de l'hôtel m'a appelé pour me signaler que mes voisins de chambre souhaitaient dormir. En déplacement, ma guitare était souvent là. Elle permettait de dissiper plus rapidement l'ennui des mises au vert les veilles de match.

J'ai suivi des leçons en dilettante à quatorze ans mais, grâce à Internet, j'ai surtout appris à jouer seul avec davantage d'intensité à Munich. J'ai acheté des méthodes d'apprentissage et imprimé les partitions. Je connais une petite vingtaine d'accords et j'ai quelques rythmiques en stock.

Pas de quoi casser la baraque mais suffisamment pour me faire plaisir et faire disjoncter mon fils et mes potes : ils en avaient marre de m'entendre jouer quinze fois dans la journée *Redemption Song* de Bob Marley, longtemps le seul morceau que j'ai su jouer, ou *Hasta Siempre* de Carlos Puebla, une chanson-hommage à Che Guevara !

L'été dernier, au milieu du Mondial, j'ai organisé à Saint-Jean-de-Luz ma fête de « fin de carrière ». L'occasion de monter un concert entre potes dans l'un de mes repaires favoris du Pays basque, La ferme Ostalapia, de mon pote Christian Duplessis. J'ai pu convier tous les gens que j'aime et ceux qui ont jalonné cette première vie, mes amis anonymes et ceux plus médiatiques que mon statut de champion du monde m'a donné la chance de rencontrer.

Parmi eux, Guillaume Canet. Grâce à lui, « Simone » a une petite sœur. Une magnifique Martin. Notre sympathique petit groupe était composé de Guillaume à la guitare, le présentateur du loufoque journal grolandais Jules Edouard Moustic aux percussions, de

Matthieu Chedid, alias M. Quel pied ! Cet artiste d'exception a fait le déplacement avec ses musiciens pour l'occasion. Par amitié. Notre première rencontre s'est déroulée un an avant à l'Usine, une salle de sport parisienne où j'ai mes habitudes. Après une tournée harassante, Matthieu était dans une période de remise en forme. Je lui ai donné quelques conseils personnels, dont la fameuse posture de l'« araignée », un exercice très efficace pour le gainage du corps : il faut rester statique les jambes et les bras écartés pendant près de deux minutes !

Avec Matthieu, nous avons bien sûr parlé musique. Au-delà de l'admiration, j'ai senti chez lui beaucoup d'humanité et de sincérité. Le courant est passé. Nous ne nous sommes plus quittés !

Accompagné par un professionnel, tu n'entends plus tes erreurs et tu as l'impression d'être un dieu de la guitare. Quelle illusion ! Nous nous sommes fait quelques bœufs d'anthologie. Jouer avec des musiciens de talent donne le sentiment, fugace, d'appartenir à leur famille. Ce fut inoubliable.

J'aimerais monter un jour un petit groupe, jouer avec des potes et me produire sur scène. Même devant une vingtaine de personnes. Juste pour m'éclater. J'ai besoin de sensations. Comme cet instant hors du temps, à la fête des Bleus qui a suivi notre victoire à l'Euro 2000. La nuit avait été longue. Le champagne coulait à flots. Je n'avais jamais joué de batterie. Je me suis pourtant retrouvé baguettes en main. L'alcool désinhibe et fausse la réalité, me procurant l'illusion, là encore, d'être un génie de la batterie.

En raison de la discipline exigée par la vie d'athlète, j'ai rarement eu l'occasion de connaître cet état d'ivresse. Mais je me suis surpris à réaliser des choses impossibles normalement. C'est dans ces situations exceptionnelles que je suis par exemple capable d'enflammer la piste alors que, d'ordinaire, je suis un très mauvais danseur. Qu'importe, je me transforme alors en John Travolta dans *Saturday Night Fever*, ou plutôt en John Travolta à peu près, comme diraient Kad et Olivier !

En revanche, j'adore chanter. Mon père et mon frère font partie d'une chorale. Au Pays basque, tout commence et se termine par une chanson. Surtout les repas de famille ! Ma technique est sommaire mais chanter me fait du bien.

Mon plus grand « fait de gloire » a été de participer, comme d'autres footballeurs, au morceau *Love United*, à la demande de Pascal Obispo et au bénéfice de la lutte contre le sida. Et ma plus grande émotion a été de jouer deux morceaux sur scène à Lyon devant 5 000 personnes : c'était fin mars 2007, à l'occasion du foot-concert parrainé par Joël Bats et Michaël Jones.

Il y a quelque temps, Matthieu m'a sollicité pour les chœurs à l'occasion de l'enregistrement du nouvel album de Vanessa Paradis. Pour un passionné de musique tel que moi, se retrouver à chanter en compagnie de Vanessa Paradis et de Matthieu est aussi magique et hallucinant que pour un footballeur amateur de disputer un petit match avec Zidane et moi !

Je me suis bâti une culture musicale en écoutant des artistes d'horizons hétéroclites. Excepté le rap et la techno, qui ne font pas partie de ma culture, je suis éclectique dans mes goûts. Cela va d'Eric Clapton à Nirvana en passant par Téléphone ou les Beach Boys. Avec une préférence pour les musiciens des années 70. J'apprécie aussi leurs héritiers. Ben Harper, par exemple, fils spirituel de Bob Marley, Jimi Hendrix et Bob Dylan réunis. Je suis allé l'applaudir à Bordeaux. Nous avons discuté une heure ensemble dans sa loge après son concert. Quelques jours plus tard, j'ai eu la chance de l'observer en studio d'enregistrement. Ce fut grandiose.

Qu'est-ce que j'aurais aimé être un immense guitariste ou appartenir à un groupe mythique ! J'aurais surtout voulu me produire sur scène. Chanter et communier avec le public. Ce que peuvent partager avec la foule M, U2, Depeche Mode, Robbie Williams ou les Red Hot Chili Peppers me fait rêver. En studio, ils maîtrisent voix et accords. Mais, face à la foule, ils libèrent leurs émotions, ils se lâchent. C'est très proche d'un avant-match.

Aux Girondins, à une époque où nous avions encore rendez-vous au parc Lescure, sur le chemin, dans ma magnifique Opel Corsa Viva, je me passais à fond les hard-rockeurs australiens d'AC/DC. J'avais un faible pour leur guitariste, Angus Young, créateur du groupe avec son frère. Sur scène, avec sa Gibson, sa casquette et sa tenue d'écolier, il était hors norme.

Créer une émotion à partir d'une voix, d'une mélodie me fascine. Je voue un respect profond aux musiciens. A Matthieu comme à mon père ; je frissonne quand il se produit avec sa chorale dans une église du Pays basque.

## 25

## *Le foot rend fou!*

Je n'ai jamais vraiment eu peur dans un stade. Certains matchs de Ligue des champions, notamment ceux du Bayern à Madrid contre le Real, ont été particulièrement bouillants. L'un d'eux a été émaillé d'échauffourées entre les joueurs. Stefan Effenberg, notre capitaine et meneur de jeu d'alors, était même monté dans les gradins pour récupérer un ballon que les spectateurs se faisaient un malin plaisir de ne pas rendre! Il avait la rage, et nous aussi. Cette atmosphère électrique nous avait galvanisés. Un public qui vous prend en grippe constitue un phénomène étonnant. J'étais heureusement rarement concerné. Je garde cependant un souvenir amer de la fois où 30 000 spectateurs m'ont copieusement sifflé à l'unisson, probablement pour deux ou trois tacles un peu trop rugueux. J'étais touché, persuadé de subir une injustice. J'étais prêt à en découdre avec tout le monde, ce qui est absurde.

Lorsqu'une frange du public du Stade de France a envahi la pelouse en milieu de seconde mi-temps de France-Algérie, je n'ai pas senti de danger. Je percevais chez les « envahisseurs » davantage une volonté de se faire remarquer et l'ivresse d'être là qu'une quelconque animosité envers les Bleus. En revanche, j'ai été affligé par un Paris Saint-Germain-Marseille auquel j'ai pris part en championnat, en novembre 2004. Je ne parle pas de notre défaite. Plutôt du comportement indigne de certains supporters parisiens à l'égard du pauvre Fabrice Fiorèse, notre milieu de terrain, arrivé du PSG quelques semaines plus tôt. Accueilli par des banderoles navrantes, il a été hué à chaque ballon touché. Sur les corners qu'il tirait, il était entouré de CRS : leurs boucliers empêchaient les projectiles lancés des tribunes de l'atteindre. Ce n'est pas ma conception du foot. Le temps des « jeux du cirque » est révolu !

Le public peut être passionné, et c'est heureux, mais doit garder son sang-froid. Le summum a été atteint avant le match. Nous traversions Boulogne pour nous garer au Parc. Au milieu de la route qui mène à la porte de Saint-Cloud, notre bus a été attaqué par des pseudo-supporters du PSG. Malgré l'escorte de quatre motards, une trentaine d'individus se sont précipités sur le véhicule, jetant des chaises, des barrières, des barres de fer et des canettes. La vitre du chauffeur a explosé. Il aurait pu perdre le contrôle du bus. Que se serait-il passé ? Nous aurions été lynchés pour avoir porté le maillot de l'OM ? J'ai vraiment craint une catastrophe. Nous étions tous choqués. Sur le gazon, sincèrement, je me demandais ce que je faisais là et dans quel putain de monde je vivais. Après sept saisons au Bayern dans une ambiance pacifique, l'atterrissage a été brutal. J'étais proche de l'écœurement. Faut-il attendre des morts dans ou autour des stades pour s'exciter sur les effets pervers du football ? C'est la question que je me posais. La réponse a malheureusement été donnée par le drame du supporter du PSG tué porte de Saint-Cloud par un policier après le match contre Tel-Aviv, le 23 novembre 2006. J'espère que cette tragédie va concrètement déboucher sur des mesures fortes et ne pas se limiter aux effets d'annonce. Il ne faut pas transiger avec cette haine-là. Et le temps ne doit pas faire oublier ce sentiment d'horreur que nous avons éprouvé aux abords du Parc ce soir-là. Je suis sûr que la nouvelle équipe dirigeante, que j'apprécie, y arrivera.

Il convient de durement sanctionner les supporters qui se conduisent mal, y compris pénalement. Seule cette méthode semble fonctionner pour dissuader les fauteurs de troubles. Les interdictions de stade ou les radiations à vie sont des sanctions efficaces. L'Angleterre et l'Allemagne ont réglé les problèmes en procédant de la sorte. Les supporters devraient réfléchir aux limites de leur rôle. Ils doivent redéfinir leur code de conduite. Le football français doit absolument régler ce problème.

Je ne peux également que déplorer et regretter les actes inadmissibles qui se sont produits en février dernier à Catane, en Italie. Dans ce derby sicilien, les supporters, vexés par la défaite de leur équipe contre

Palerme, ont affronté les forces de l'ordre. Un policier de trente-huit ans, père de deux enfants, y a perdu la vie. Suite à cette violence, et c'est la moindre des choses, tous les matchs de football en Italie ont été reportés et suspendus.

# 26

## L'esprit du sport

Le sport est ma drogue. Dure. Je ne suis pas encore sevré. Il me faut ma dose quotidienne, souvent le matin. Après une énergique séance d'exercices, la journée peut commencer sur de bonnes bases. Pourquoi se priver ? Avec l'âge, tu perds en vitesse et en détente. Mais tu peux maintenir ton endurance à un niveau correct jusqu'à quarante-cinq ans.

Deux ou trois jours sans sport et je ne suis pas bien, je deviens nerveux. Je suis comme une vieille voiture : si je reste trop longtemps au garage, le moteur se grippe. Je suis accro à ce carburant. Il est indispensable à mon équilibre tant physique que psychologique.

Je me suis souvent demandé pourquoi j'avais tant besoin du sport dans ma vie et à quoi ça sert. Il me permet en fait d'être en bonne santé, d'avoir du dynamisme, d'être bien dans mon corps et donc d'avoir plus de chances d'être bien dans ma tête. Il tempère mon hyperactivité, et me donne aussi indirectement l'impression d'être encore plus vivant !

Un de mes poèmes préférés, tiré du *Spleen de Paris* de Baudelaire, m'a également fourni un élément de réponse : « Il faut être toujours ivre. Tout est là : c'est l'unique question. Pour ne pas sentir l'horrible fardeau du Temps qui brise vos épaules et vous penche vers la terre, il faut vous enivrer sans trêve. Mais de quoi ? De vin, de poésie, ou de vertu, à votre guise. Mais enivrez-vous ! » Grâce au sport, je m'enivre de sensations, d'émotions, d'adrénaline... et d'endorphine, cette hormone fabriquée par le corps après une activité sportive intense et procurant une sensation d'apaisement comme de bien-être. J'oublie ainsi mon impuissance à lutter contre le temps qui passe...

Après vingt ans de pratique, j'ai la chance de ne pas être trop « endommagé ». Parce que j'ai respecté mon outil de travail – mon corps – en m'imposant une stricte hygiène de vie. Certains footballeurs sont amoureux du jeu de football. Mais ils n'aiment pas le sport pour le sport. En raccrochant, ils stoppent toute activité. On peut alors parler de petite mort. Elle sera pour moi effective quand je ne pourrai plus faire de sport. Je redoute ce moment...

En attendant, pour ne pas rouiller et pour me faire plaisir, je goûte intensément au surf, au ski, à la plongée sous-marine, à la voile, à la randonnée, au VTT. Je mesure le privilège d'appartenir à une famille qui adore le sport. Mes parents nous ont permis de le pratiquer à haute dose et de nous lancer dans la compétition.

## L'esprit du sport

J'ai très tôt été animé par l'ambition de faire du sport mon métier. Je ne savais pas encore lequel. J'ai suivi des études afin de pouvoir l'enseigner. Au cours de ce cursus, j'ai eu le loisir d'expérimenter la natation, la gymnastique, le rugby, l'athlétisme et même, pour une session, le sumo ! Ces épreuves entraient dans le cadre de la notation. J'avais fini second du concours d'entrée à l'UREPS.

Le sport fait partie de ma vie. Au Pays basque, la culture sportive est très forte. Mon père a joué au rugby en deuxième division, au Stade Hendayais. Il a été troisième ligne puis talonneur. A vingt-huit ans, un incident collectif avec un arbitre à la fin du match a incité toute l'équipe à prendre du recul. Il n'est pas très fier de cet épisode mais disons qu'il lui a été chaudement recommandé de raccrocher. Les chiens ne font pas des chats ! Il s'est alors orienté vers la plongée. En pionnier dans la région, il pratiquait aussi le surf.

Ma mère préférait l'athlétisme, en particulier le relais, et le tennis. Classée, elle a disputé des matchs régionaux par équipe avec Hendaye durant des années. Et elle continue de jouer deux fois par semaine avec sa bande de copines, afin d'entretenir sa forme. Elle m'emmenait partout me dépenser. Mon père était le chef de famille. J'avais envie qu'il soit fier de moi. Dès trois ans, tous les hivers, nous chaussions les skis. Nous partions à la montagne, dans les Pyrénées ou les Alpes, dans sa camionnette de société transformée en camping-car.

Je m'inscrivais aussi à des tournois de tennis et de pelote basque à main nue, essaimant les frontons du

171

Pays basque. J'étais assez adroit et j'anticipais les rebonds. J'avais pour professeur Pampi Laduche, chanteur basque professionnel mais surtout champion du monde de pelote à main nue amateur et premier Français champion d'Espagne. Il m'a permis de figurer parmi les meilleurs du département. Mais j'avais une bête noire : Paul Zugasti. Le même âge que moi mais au moins deux têtes de plus. Il était taillé comme une bête. Un enfant dans un corps d'adulte. Il m'explosait à chaque fois. Je ne suis jamais arrivé à le battre. Par la suite, il est devenu professionnel.

L'été était réservé aux sports de mer : surf, voile, plongée, ski nautique. Je me suis toujours senti sportif avant d'être footballeur. C'est un don, un truc que je sais faire. Je bloque en revanche sur deux d'entre eux : le golf et la danse. A croire que ces deux disciplines ne m'aiment pas.

Afin de peaufiner ma culture sportive, j'aimerais essayer une discipline aérienne, comme la chute libre, un sport de combat, tel le jiu-jitsu, un art martial japonais qui date de l'ère féodale, et encore un sport automobile. J'ai déjà commencé en participant au Trophée Andros, une course de voitures sur glace. La sensation sur une grille de départ et l'excitation de la bagarre en course sont incroyables.

Le sport de haut niveau m'a obligé à m'ultra-spécialiser. Je me suis entièrement mis au service de la performance et de la compétition. Aujourd'hui, je varie les plaisirs et je retrouve le goût du jeu. Je reviens à l'essence même du sport, le plaisir, l'effort, le risque, la sensation forte.

Curieusement, je n'ai pas touché un ballon depuis mes adieux. Cela ne me manque pas trop. Je me suis contenté d'une petite partie sur la plage avec des copains, d'un match sur une île lointaine de l'océan Indien et d'une partie de football à Bercy avec l'association France 98 fin mars 2007 : Zidane a inscrit deux buts contre le PSG et j'y ai été de mon but en reprise de volée. Trois expériences plaisantes. J'ai constaté que les gens aimaient jouer avec moi, qu'ils étaient fiers que je participe à leur match. Mais je ne compte pas reprendre de licence amateur.

En réalité, je n'ai pas joué car je sais que plus jamais je n'évoluerai au même niveau. Cela ne m'intéresse pas et me fait encore trop mal. Me retourner sur ma carrière m'attriste. Inconsciemment, je suis en train de tuer le Lizarazu footballeur ! Je préfère me concentrer sur ma nouvelle vie.

Désormais, priorité au surf, à la voile, au ski et au snow-board. Je me lance aussi dans des sorties à vélo et des footings en solo. Courir prolonge mon endurance et m'aide à être plus à l'aise sur les spatules comme sur ma planche.

Juché sur mon vélo, je découvre des paysages du Pays basque que je ne connaissais pas. Je trouve ainsi un sens à ce que je fais. Comme tout sportif de haut niveau, j'ai toujours besoin de me fixer des défis, pour me motiver. Ce besoin est vital. Faire du sport à la « cool », ce n'est pas encore au programme. On ne se refait pas. Etre sportif de haut niveau, c'est aussi tenter des expériences avec son corps, le provoquer, apprendre à mieux le connaître. Je songe par exemple

à participer à un raid à ski autour du mont Blanc.
Voire à m'inscrire au Marathon des sables, une course
à pied d'une semaine dans le Sahara marocain, où la
température peut dépasser les 45 degrés. Je m'imagine
bien, pourquoi pas, prendre le départ du marathon de
New York, cavaler depuis le pont Verrazano pour 42
kilomètres dans les entrailles de la Grosse Pomme. Je
me suis aussi mis à la natation pour être capable de
résister à des vagues de plus en plus grosses.

# 27

## *La reine Troussier*

En quittant Munich, je souhaitais finir ma carrière en France. J'avais hésité entre plusieurs options. Lyon correspondait à ma première envie, la plus logique. Le club est celui qui ressemble le plus au Bayern. Paul Le Guen, côtoyé en équipe de France, en était l'entraîneur. L'OL a été chaud un moment puis Paul m'a fait comprendre que leur politique conduisait à davantage miser sur les jeunes. J'ai compris ce choix.

Je suis respectueux de l'excellent travail accompli par Lyon et j'ai toujours entretenu des rapports courtois avec leur président, Jean-Michel Aulas. Marseille s'est manifesté et m'a témoigné beaucoup d'attention. José Anigo, leur coach, militait pour ma venue. Fabien Barthez m'a glissé que ce serait sympa de le rejoindre. L'OM sortait d'une finale de Coupe de l'UEFA. Le club perdait certes Didier Drogba mais l'effectif, avec les renforts de Benoît Pedretti, Eduardo Costa et Peguy Luyindula, avait de la gueule.

La proposition de Marseille était intéressante. Pour élargir mon horizon, j'ai fait savoir aux Girondins que j'étais prêt à revenir en France et que le club pouvait me faire une proposition. Il s'agissait d'une attention plus affective que sportive. Mais les dirigeants n'étaient pas intéressés. C'est leur droit. Seul problème : je n'ai pas apprécié que le président Jean-Louis Triaud laisse entendre que Bordeaux n'avait pas les moyens de répondre à mes soi-disant prétentions pour me recruter. J'ai trouvé ça bizarre, d'autant plus que nous n'avions même pas entamé la moindre négociation. Certains supporters ont cru Triaud. En août 2004, l'OM recevait Bordeaux en ouverture du championnat. J'étais en tribune, un peu court physiquement. Des supporters des Girondins ont déployé une pancarte au Vélodrome. On pouvait y lire : « Tu nous as trahis. » Quelle trahison ? Même s'il s'agissait d'une dizaine de supporters et que je savais d'où ça venait, cela m'a attristé. J'étais parti de Bordeaux en 1996, après douze ans de loyaux services. La fin d'une belle époque. Zidane partait à la Juventus, Christophe Dugarry au Milan AC. J'en garde de fantastiques souvenirs et je suis toujours très attaché aux Girondins de Bordeaux, même si ma fin de séjour avait été entachée par une autre prise de bec, avec le président Alain Afflelou cette fois. Il nous avait critiqués, Duga, Ziz et moi, nous traitant même de « petits cons » ; il avait été vexé que nous n'ayons pas eu confiance en lui. C'est aussi ça, le foot : il oblige à se blinder.

Rolland Courbis a été mon entraîneur une saison à

Bordeaux, où il m'avait repositionné milieu de terrain. Lorsqu'il a rejoint Bernard Tapie à l'Olympique de Marseille, il m'a proposé de le suivre. Je n'en avais pas envie. La tentation OM, j'ai fini par y succomber. La négociation a pourtant failli ne pas aboutir. Christophe Bouchet, le président d'alors, sortait d'une épreuve de force. Didier Drogba venait de signer à Chelsea pour 33,7 millions d'euros. Bouchet voulait gérer lui-même mon recrutement. Il tentait de négocier en jouant sur des malentendus. La négociation était bloquée. L'impasse était proche. J'étais prêt à renoncer, inquiet tout à coup de ne plus être dans un climat de confiance. Habitué à la clarté, la transparence et la rigueur allemandes, je lui ai lancé un ultimatum. « Voilà les conditions de salaire dont nous avons parlé et sur lesquelles je mettrai ma signature. Si ce n'est pas OK, on arrête là. »

José Anigo, l'entraîneur, a insisté pour que son président trouve une solution. Malgré sa jambe dans le plâtre, il se démenait pour que l'affaire se concrétise. Même Franck Riboud est intervenu dans le dossier et m'a donné quelques conseils. Je suis finalement tombé d'accord avec l'OM. J'ai rejoint mes nouveaux coéquipiers en stage de préparation à Port Crouesty, dans le golfe du Morbihan. C'est là que j'ai passé ma visite médicale.

Dès les premiers jours, j'ai participé avec les nouveaux joueurs à une réunion avec les responsables des associations de clubs de supporters de l'OM. Je m'attendais au classique : « Bonjour, bienvenue, on est content que vous soyez là. J'espère que vous allez pouvoir aider l'équipe à progresser.» Nous avons en réalité eu droit à : « Vous avez intérêt à vous bouger le cul ! On en a vu passer des joueurs ici. On sait que vous êtes tous des mercenaires. On va vous mettre la pression.» Je me suis dit : « Ça commence bien, c'est quoi ce bordel ?»

Malgré cet épisode surréaliste, j'ai disputé quatorze matchs sous les ordres de José Anigo. J'ai pris plaisir à travailler avec lui. J'étais un élément incontournable de son système. Après un début de saison encourageant, l'équipe a commencé à faire preuve de fébrilité. En novembre 2004, alors que nous étions encore cinquième en championnat, une élimination en Coupe de la Ligue par le Paris Saint-Germain puis une défaite en championnat contre Ajaccio, suite à une faillite collective, ont scellé la démission de notre entraîneur.

En tant que champion du monde, je n'ai pas été épargné par les critiques. Alors que tout allait bien jusqu'à ce fameux mois de novembre, au point même que le quotidien *La Provence* me classait parmi les bonnes recrues de l'OM, j'ai connu, comme une grande partie de l'équipe, un mois de méforme. J'étais dérouté car je perdais mes qualités de jaillissement qui faisaient habituellement ma force. Je n'étais plus en jambes, j'avais un rendement insuffisant. Dans ces moments, il faut des coupables. Certains ont prétendu que je n'étais pas motivé, pas assez impliqué. Sottises. J'étais simplement dans une mauvaise passe physique momentanée, comme souvent en novembre. J'ai toujours mouillé le maillot de l'OM, comme tous ceux que j'ai portés dans ma carrière.

## La reine Troussier

José Anigo a abandonné son poste car il souffrait trop pour ce club, qu'il aime d'un amour sans réserve. Je respecte sa passion. Mais j'ai regretté sa décision. Il était l'un des seuls sur qui je pouvais compter. Et il quittait le navire. Dans la foulée, Christophe Bouchet décidait de prendre du recul. Il s'était isolé et son tempérament lui avait sans doute fait oublier le peu d'expérience qu'il avait finalement dans le métier difficile de président de club. Le flou le plus total régnait. Pour succéder à Anigo, Pape Diouf, le nouvel homme fort de l'OM, a nommé Philippe Troussier. C'est là que les ennuis ont vraiment commencé.

Dès la première minute, j'ai compris que ça ne pourrait pas coller. Son arrivée a été grandiloquente. Nous étions en stage en Bretagne, réunis dans un amphithéâtre. Nous attendions assis dans l'auditorium depuis vingt minutes. Puis Troussier a daigné surgir du rideau. On aurait dit la reine d'Angleterre déambulant sur son trône ! Nous venions de basculer dans une autre dimension. Mon calvaire a démarré.

Le 4 décembre, pour son premier match à la tête de l'équipe, un déplacement à Caen, il écarte du groupe trois joueurs : Benoît Pedretti, Peguy Luyindula et moi. J'ai accompagné l'équipe en Normandie mais, plutôt que de suivre la rencontre depuis la tribune, j'ai demandé l'autorisation de rester à l'hôtel. J'étais tellement déçu et énervé que cette solution était la plus sage. J'ai dîné avec mon oncle André avant de regarder le match seul dans ma chambre au Novotel de Caen. L'une des soirées les plus glauques de ma carrière. Même si je me posais des questions sur mes soucis physiques, je mettais cela sur le compte de la fatigue et les aléas de la gestion physique d'une saison. Mais Troussier voyait cela d'un autre œil. Il fallait qu'il marque son entrée à l'OM de manière forte. Et j'étais l'outil de sa campagne médiatique de reprise en main. Je ressentais une profonde injustice. J'étais révolté, d'autant qu'il laissait entendre que je n'avais pas la motivation !

Marseille a gagné à Caen. Mais je savais que l'euphorie ne serait que passagère. Ce genre de management agressif ne peut fonctionner que dans un contexte précis et sur une courte durée. Au-delà, il consisterait à ignorer les bases de la psychologie d'un collectif, à considérer les joueurs comme du bétail. Troussier a cette arrogance, c'est un homme de coups. D'ailleurs, il n'est jamais resté longtemps en place, que ce soit à la tête de la sélection du Burkina Faso, du Nigeria, de l'Afrique du Sud, du Japon, du Qatar ou du Maroc.

Pourtant, beaucoup sont tombés dans le panneau. Je me suis senti abandonné. J'avais choisi Anigo, Troussier m'avait été imposé. Notre incompatibilité de caractères se traduisait par de nombreux accrochages verbaux. Nous n'avions rien en commun. Il m'affirmait que je pouvais jouer indifféremment arrière gauche, milieu offensif, milieu gauche ou stoppeur gauche. J'avais envie d'éclater de rire. Il prônait une défense à trois éléments à son arrivée, justifiant ainsi mon éviction. Curieux : après mon départ, il s'est résolu à jouer à quatre derrière. Il prétendait instaurer une concurrence mais les mêmes joueurs étaient alignés à chaque fois. Il me reprochait mes allers-retours sur l'Atlantique pour aller voir mon fils. Mais je l'avais toujours fait et je n'ai jamais raté un entraînement.

Il était aussi l'auteur de déclarations pour le moins surprenantes, du genre : « Je suis le chef de chantier et les joueurs sont des ouvriers spécialisés », « Les joueurs sont des lions en cage, je suis le dompteur, je leur donne la viande mais je sais que je prends le risque de me faire bouffer », ou encore « J'ai appris des hommes et du management qu'il est difficile de changer les gens. Et il est préférable de les virer s'ils n'adhèrent pas à vos idées ».

Quelle vision primaire du management !

Nos rapports étaient glacials. Un jour, il m'a lancé, sous les yeux de Pape Diouf, le président du directoire : « Mais pourquoi tu t'emmerdes à jouer en France ? Va donc prendre tranquillement du pognon au Qatar, faire du tourisme et profiter de la vie. » Signer au Qatar simplement pour céder à l'appel des pétrodollars était impensable pour moi.

Troussier me cherchait, il allait me trouver ! A trois jours du Nouvel An, cela a failli très mal se terminer. J'avais cinq minutes de retard au petit déjeuner. Il m'en a fait le reproche de manière agressive, comme pour un jeunot de vingt ans. Je l'ai envoyé péter et j'ai évoqué son irrespect à l'égard de la plupart des joueurs. C'est la première fois de ma vie que j'ai eu envie d'en venir aux mains avec un entraîneur. Par chance, je me suis retenu. Ça n'en valait pas la peine.

Mais j'étais conscient qu'à la prochaine provocation, j'allais vouloir le démonter. Alors je me suis dit que le point de rupture était arrivé et qu'il fallait que je me casse au plus vite. Finalement, je suis fier de n'avoir disputé aucun match sous ses ordres.

*

Pourtant, pour la première fois, j'avais songé à faire stipuler dans mon contrat une clause de départ en cas de changement d'entraîneur. L'OM ne l'avait pas accepté. Dommage, j'aurais dû écouter mon instinct. J'aime la sincérité, l'honnêteté dans les rapports. Avec les entraîneurs qui savent toucher où il faut, je suis prêt à tout donner. Et même à me casser une jambe pour eux. Le match suivant, contre Auxerre, je ne figurais toujours pas sur la feuille de match. Puis j'ai déclaré forfait contre Lyon, à cause d'une gastro-entérite. Réelle, tellement j'étais tendu par cette situation. J'ai alors senti qu'il me fallait partir. La période était complexe. J'avais le sentiment que l'on attendait ma chute. Cela m'a donné un coup de peps terrible. Ce sont dans les moments où je suis acculé que je trouve toujours des ressources incroyables.

Jean-Charles Sabattier, fin spécialiste du football allemand sur Canal+, par ailleurs l'un de mes amis, me conseillait d'appeler le Bayern Munich en prétextant que le côté gauche de l'équipe ne marchait pas bien et que le club ne m'avait pas trouvé de successeur. J'hésitais. Pendant la trêve hivernale, je suis parti skier dans les Alpes. Nous étions dans la télécabine pour grimper au sommet de la piste quand Jacques

Bungert m'a lui aussi convaincu de contacter Uli Hoeness, le manager général du Bayern. « Appelle-le. Ce sera oui ou non mais, au moins, tu seras fixé. Et, s'ils répondent favorablement, ce ne sera pas uniquement pour te faire plaisir. » Il a bien fait d'insister. Hoeness a été surpris mais semblait très intéressé. Deux jours après, il me relançait. « J'en ai parlé à Karl-Heinz Rummenigge. Il est très chaud. L'entraîneur veut te voir. » Entre-temps, il avait fallu convaincre l'OM de me libérer. J'ai décidé de parler au bon Dieu plutôt qu'à ses saints. A Marseille, le bon Dieu se nommait Robert Louis-Dreyfus.

Louis Acariès, l'ancien boxeur, introduit par le propriétaire du club pour mettre de l'huile dans les rouages, a facilité la rencontre. Il n'a pas oublié le sportif qu'il a été. Il a vu dans quel état d'énervement j'étais et a organisé un déjeuner à Paris. Je lui en sais gré. J'ai senti chez lui un esprit constructif, nous nous sommes évertués à trouver des solutions intelligentes et respectueuses pour les deux camps.

Robert Louis-Dreyfus a compris ma situation. Je lui ai confié que j'étais dans une impasse et qu'il m'était impossible de travailler avec Troussier. Il connaît parfaitement l'âme des sportifs. Il m'a écouté, m'a interrogé sur mes envies. « Si c'est possible, j'aimerais retourner au Bayern. A trente-cinq ans, je ne vois pas mieux pour m'adapter très vite », lui ai-je annoncé. Il m'a accordé l'autorisation de négocier avec Munich. « Si tu tombes d'accord avec eux, je te donne mon feu vert. »

J'ai vite trouvé un arrangement avec le Bayern. Le

183

club venait de perdre sur blessure son arrière gauche. Cela a arrangé les choses. J'ai rappelé RLD pour finaliser l'opération. Durant mon court séjour marseillais, j'ai pu mesurer combien ce club était instable, à quel point la moindre péripétie pouvait ébranler l'édifice. Pourtant, j'ai rencontré plein de gens sympathiques et compétents au club. Mais je cherchais constamment la personne qui avait le pouvoir de décider. Je n'ai passé que six mois à Marseille. Nous nous sommes quittés sans blessure profonde, après nous être rendu compte que nous n'étions peut-être pas faits l'un pour l'autre. En tout cas, les événements n'ont pas rendu justice à la réelle passion de Robert Louis-Dreyfus pour le football et le club.

# 28

## *Fan*

Je n'ai jamais adopté, gamin, une posture de fan. Ni couru après des sportifs ou des artistes pour leur réclamer une signature. J'ai été d'autant plus surpris par le nombre de lettres reçues après le Mondial 1998. Je n'ai pas franchement compté mais le total avoisinait les cinq mille. Elles sont entassées dans dix-huit cartons au volume impressionnant. Il y en avait tellement que ma mère a dû me donner un sérieux coup de main ! En fait, c'est elle ma plus grande fan ! Elle a gardé et collé toutes les coupures de presse qui me concernent, classant les articles saison après saison. Elle a aussi enregistré pas mal de matchs diffusés à la télévision : plus de 350 ! Avec mon père, parfois, il leur arrive de piocher au hasard de la pile de cassettes VHS et de regarder une lointaine rencontre d'un œil amusé.

La plupart des lettres me sont adressées à Hendaye. Ma mère les lit toutes. Elle fait le tri puis me les donne. Je ne comprenais pas toujours la folie qui nous entourait, n'ayant jamais versé moi-même dans l'idolâtrie. Evidemment, après la victoire de 1998 à la Coupe du monde, nous n'avons pas pu échapper au côté midinettes à la boys band. Mais je n'ai jamais rencontré de fans hystériques ou de filles dormant sur mon paillasson ! Jouer au Bayern Munich, donc à l'étranger, m'a également préservé de cette douce folie.

Parfois, la tendresse qui s'en dégage est si forte qu'on en a les larmes aux yeux. Comme celle de ce papy de quatre-vingt-dix-neuf ans qui, de son écriture serrée et fébrile, me confiait quelques jours après mes adieux aux Bleus : « Je n'ai jamais donné un coup de pied dans un ballon de ma vie mais j'ai assisté à la naissance du football dans les Ardennes en 1914. Je vous classe parmi les premiers, tant est grand votre talent et votre dévouement. Je vous souhaite un heureux avenir à vous ainsi qu'à votre vis-à-vis, Lilian Thuram. »

Le flot s'est naturellement atténué depuis ma retraite sportive. En volume, rien ne pourra dépasser le courrier reçu suite à notre victoire en Coupe du monde. Ce fut l'occasion concrète de mesurer l'impact populaire d'une telle compétition. Prendre la plume pour partager sa joie avec quelqu'un et lui exprimer ses émotions n'est pas un acte anodin. J'ai reçu tant d'amour des gens. J'ai envoyé des photos dédicacées en pagaille. Tellement que j'aurais pu attraper une crampe à la main.

Les fans étaient aussi bien des enfants que des

femmes d'âge mûr. Plus étonnant, des prisonniers m'ont écrit depuis leur cellule. Les courriers étaient postés de France mais aussi d'Angleterre, d'Espagne, du Japon (la calligraphie était remarquable), d'Amérique du Sud, d'Afrique et même des îles Tonga ! L'essentiel des messages résumé en une phrase : « Merci de nous avoir fait rêver. » Grâce au 12 juillet, le public a eu sa part de bonheur. De quoi le réconforter, égayer son univers. Je trouve fabuleux et sain que le football puisse jouer ce rôle-là.

J'ai reçu de nombreuses déclarations d'amour. C'est là que j'ai constaté que je plaisais plutôt pas mal aux filles. A une, surtout. Appelons-la Mireille. Depuis des années, cette fan singulière m'envoie des lettres à un rythme effréné. Elle me suit à la trace. Je trouvais ses courriers voire ses fax aussi bien au siège du club que dans les hôtels où nous étions logés en déplacement, dont elle parvenait à dénicher les adresses. Pour l'équipe de France, elle visait Clairefontaine. Des attentions toujours délicates et touchantes. De la déclaration d'amour aux petits cadeaux, tels des bouquets de fleurs.

Il n'était pas question de briser son rêve, même si ma vie sentimentale était évidemment ailleurs et qu'il n'existait aucun espoir. Pourtant, à la longue, cette régularité devenait déroutante, perturbante. J'avais comme l'impression d'être suivi. Mais je m'interdisais de l'envoyer paître. Et puis sa vie semblait dépendre de cette relation pour le moins ambiguë ! Je lui ai offert quelques maillots en guise de remerciements. J'ai beau avoir arrêté ma carrière, Mireille continue de me poursuivre de ses assiduités, même si aujourd'hui c'est plus compliqué car mes lieux de passage sont moins identifiables.

*

Parmi ces lettres, certaines ont retenu mon attention car elles faisaient allusion de façon très précise à mon... anatomie. Visiblement, elle n'a pas laissé insensibles certaines filles, surtout suite à la diffusion des *Yeux dans les Bleus*, où l'on m'aperçoit à l'image, nu, allongé sur le ventre sur une table de massage en compagnie d'Emmanuel Petit. Je ne citerai qu'un extrait de courrier, tellement il était hallucinant : « J'aime ton cul de Black » !

Je ne peux pas dire que j'étais choqué, plutôt surpris. Cela me faisait bien marrer, d'autant que je suis loin d'avoir les mensurations « standard » d'un mannequin. J'ai tellement pris de coups au visage en faisant du sport que j'ai des cicatrices un peu partout. En 2002 pourtant, un sondage avait été réalisé par l'institut Sofres. Il en ressortait que, si Zidane était le joueur préféré des Françaises, j'étais désigné joueur le plus sexy par la majorité des personnes sondées. Cela flatte l'ego, bien sûr, mais ce résultat n'a pas amélioré mes techniques de drague. Je suis un vrai timide à la base – une timidité que j'ai bien bousculée aujourd'hui. Même si ce sondage m'a fait du bien, je dois dire que jusqu'à vingt-cinq ans, j'ai souvent été un vrai boulet en matière de séduction.

Le rapport au fan peut aussi être davantage réglementé. Le Bayern Munich exigeait, et je trouve l'initiative heureuse, que nous allions une fois par an honorer l'un de nos clubs de supporters officiels un peu partout en Allemagne. Une opération de relations publiques rondement menée. A tour de rôle, un joueur, accompagné d'un membre du Bayern, partait répondre aux questions. Un jour, je me suis retrouvé en pleine campagne, près de la frontière avec la République tchèque. C'était la fête au village. La salle municipale était bondée : 400 personnes. Je ne maîtrisais pas totalement l'allemand mais, après deux ou trois bières, la conversation était devenue plus facile !

L'ambiance était émouvante. L'occasion de toucher du doigt combien un joueur du Bayern compte pour un supporter. Tous portaient la panoplie complète du club. Pendant trois heures environ, j'ai répondu à leurs demandes. Dans mes dernières années, l'expédition a eu lieu à deux cents kilomètres de Munich. Les supporters avaient appris que je jouais de temps en temps de la guitare. Ils en avaient amené une et j'ai dû leur exécuter un morceau sur la scène. Le lien avec le public est en Allemagne moins passionnel, plus raisonnable que dans les pays latins.

*

Il existe cependant une contrepartie à tout ça. Certains l'appellent la rançon de la gloire ou le revers de la médaille. C'est la partie malsaine de la célébrité et de la médiatisation. Moi, comme d'autres, devons accepter que de la réussite découlent à la fois de l'amour et de la haine, de l'admiration et de la jalousie.

Parlons un peu de ce côté sombre. Bien sûr, on ne pourra jamais empêcher les gens de commenter. La pire des choses est la rumeur. Impossible de savoir d'où elle vient et impossible aussi de l'arrêter. A mon sujet, j'en ai entendu circuler pas mal d'aberrantes. Des légendes urbaines, dont j'ignore qui les initie et dans quel but, mais qui me reviennent parfois aux oreilles.

Cela peut concerner des aventures avec des filles que je n'ai jamais rencontrées. Une autre mentionne que je serais allé dîner dans un restaurant du Pays basque, sans régler la note. Sous-entendu : j'ai la grosse tête, je me crois invité partout. Renseignements pris : l'établissement a bien entendu répondu que je n'étais jamais venu.

Autre piaillement : une agence immobilière du Pays basque utilisait mon nom pour vendre une maison, assurant que j'étais intéressé afin d'en gonfler artificiellement la valeur.

Le bruit le plus singulier qui a couru date du Mondial 1998. Il laissait entendre que, si Fabien Barthez et moi étions les seuls célibataires de l'équipe à l'époque, c'est parce que nous étions homosexuels !

Le raccourci est un peu rapide. Il faut faire avec. Et encore, je suis relativement épargné. On a déjà entendu des rumeurs mille fois plus horribles et vicieuses sur d'autres personnalités.

L'autre conséquence est l'exposition de la vie privée dans des magazines people. Après le 12 juillet 1998, nous étions quelques-uns à être suivis par des paparazzi. Cela m'arrive souvent de les repérer. J'ai fini par avoir l'œil. Etre escorté un an par deux gardes du corps développe le sens de l'observation et vous livre quelques techniques. Mais je ne passe pas non plus ma vie à regarder derrière moi et donc, forcément, je me fais et je me ferai sûrement encore « shooter ». Il n'est pas question de devenir parano car je n'ai rien à cacher. Comme tout le monde j'ai juste besoin de préserver ma vie privée et amoureuse ! Même si je ne cautionnerai jamais le travail d'un paparazzi, je n'en suis jamais venu à me battre avec lui parce qu'il me prend en photo.

Je comprends que le business soit florissant, tant certains font rêver, mais je partage aussi l'avis de ceux qui empruntent les voies juridiques pour protéger leur vie privée. Encore plus quand on vient me chercher jusqu'au fin fond du Pays basque, qui n'est pas réputé pour sa concentration en photographes people. En revanche, si tu pars en vacances à Saint-Tropez en pleine saison estivale, il est tout de même plus compliqué de se plaindre d'être mitraillé avec sa fiancée...

Avec le titre de champion du monde, j'ai fait beaucoup de nouvelles rencontres ! Le tri s'est opéré naturellement. Les invitations ont pullulé à partir du Mondial. En répondant à toutes, je me serais probablement perdu. Nous avions une image glamour. Mais j'étais conscient qu'il ne s'agissait pas de la vraie vie, juste d'un moment d'euphorie. Et puis j'ai été rattrapé par la patrouille allemande ! L'entraînement avec le Bayern a repris. Je suis brutalement revenu à la réalité, sans avoir eu le temps de m'égarer.

De plaisante, la notoriété est devenue excessive après le Mondial. Certains ont adopté un comportement qui n'était plus naturel, me mettaient en garde, insistant pour que je n'attrape pas la grosse tête. D'autres me donnaient pompeusement des conseils. Ou en rajoutaient des tonnes pour m'impressionner. L'admiration peut aussi se transformer en médisance. Je m'y suis fait. Les sentiments humains sont exacerbés. C'est pourquoi je me suis isolé parfois, érigeant des protections pour éviter les indiscrétions, quitte à ne me lâcher qu'entouré de mes véritables amis.

# 29

## *Une tête de psychopathe*

Je connais peu de sélections restées, comme la nôtre, près de cinq ans au sommet. Demi-finale de l'Euro 1996, victoires au Mondial 1998, à l'Euro 2000 et à la Coupe des Confédérations 2001. Pas mal, compte tenu de la concurrence ! Pour la Coupe du monde 2002, la France partait favorite. Nous avions fière allure. Mais nous avons péché par manque de discipline, croyant que les qualités individuelles seraient suffisantes pour nous en sortir. Or une équipe est une somme d'équilibres minutieux. Le moindre détail humain et tactique compte. Nous nous sommes éparpillés, zappant les petits 10 pour cent supplémentaires dans la rigueur et l'engagement.

Problème : personne, à aucun moment, ne nous a remis dans le droit chemin. Visiblement, nous étions incapables de le faire nous-mêmes. Roger Lemerre, notre entraîneur, n'a pas su le faire non plus. Depuis 2000, bien des choses avaient changé. Au championnat d'Europe, nous disposions d'un véritable staff, qui prenait les décisions collectivement. Cette fois, Lemerre agissait seul. Roger, d'ordinaire si ouvert, était fermé à toute forme de discussion, de communication. Il avait instauré une espèce de paranoïa à l'égard de la presse. Surtout après qu'un journaliste du *Parisien* a été découvert par Bruno Martini, l'entraîneur des gardiens, dans le vestiaire voisin en train d'espionner sa causerie. Mais comment éviter les médias quand la plupart d'entre eux étaient logés dans notre hôtel à Séoul ? Plus étonnant et agaçant encore : pour le premier match, nos femmes étaient dans le même établissement que l'équipe du Sénégal, notre adversaire !

Les ondes négatives étaient nombreuses. Elles n'ont pas épargné Zidane, blessé en amical contre la Corée du Sud, cinq jours avant l'événement. Nous n'avions pas appris à jouer sans lui, à imaginer la situation en son absence. Fallait-il changer notre style de jeu, privilégiant les joueurs de couloir ? Nous n'avions rien anticipé et nous nous sommes retrouvés paumés. En France, il n'était question que de la cuisse de Zidane ! La poisse m'a également contaminé : en début de stage, au Japon, j'ai été saisi de démangeaisons sur tout le corps. Elles ont duré pratiquement une semaine.

Avant même notre départ de France, nous n'étions plus protégés. Cela s'était traduit par de nombreuses sollicitations avec les sponsors et les médias. Les demandes étaient démentes. Sans doute nous sommes-nous trop dispersés mais chacun y trouvait son compte. En nous envolant pour l'Asie, nous avions l'impression de partir avec la fanfare et la cavalerie. Cela bouffait du jus sur le plan psychologique. L'ambiance était guillerette mais flottait, inconsciemment, un soupçon d'angoisse et de nervosité. Les défaites en amical quelques mois plus tôt, en Espagne et au Chili, auraient dû servir de signal d'alarme. Face à ces équipes physiques prêtes à aller au combat, nous n'avions pas eu le répondant nécessaire. Au contraire, lorsque nous ne parvenions pas à dérouler notre jeu, nous nous énervions et perdions les pédales. Nos défauts apparaissaient de manière plus criante. Mais nous voulions croire à un accident. Le 5-0 infligé à l'Ecosse, en mars 2002, n'a rien arrangé. C'était un succès en trompe l'œil. Conséquences ? Nous nous sentions forts et n'avons pas vu venir les difficultés. Cela s'est traduit par un échec contre le Sénégal en ouverture du Mondial. Au second match, contre l'Uruguay, Thierry Henry a été rapidement expulsé. Confiné sur le côté gauche, il était peu à son aise. Son geste trouve peut-être racine dans ce mal-être. J'ai essayé de lui montrer l'aspect positif de sa situation sur le terrain. En vain. Avec le nul arraché aux Sud-Américains, une victoire 2-0 contre le Danemark nous expédiait en huitièmes de finale. Le score a été atteint. Mais en leur faveur. Nous avons explosé en vol. Elimination d'entrée et zéro but en trois matchs. Le talent était là, plus l'esprit. Il n'y avait plus de lien entre la partie défensive et offensive de l'équipe.

Au cours de cette Coupe du monde, nous nous

sommes sentis impuissants. Nous aurions pu jouer des heures entières, nous avions l'impression que nous n'y arriverions pas. Funeste sensation, surtout lorsqu'on a été les rois du monde ! La longévité au sommet est ce qu'il y a de plus complexe à préserver.

\*

Avec Jacques Santini, j'ai connu mon quatrième sélectionneur. Nous avons eu une conversation après notre Mondial raté. Il avait besoin de savoir, d'échanger sur notre échec. Je l'ai pris à ce moment-là comme une marque de confiance. Puis je me suis blessé. Je ne suis réapparu dans le groupe qu'en février 2003, face à la République tchèque. Je m'estimais physiquement en mesure de reprendre plus tôt mais il n'avait pas jugé utile de précipiter les choses, jugeant que je manquais de rythme. Porter de nouveau le maillot bleu m'aurait pourtant fait du bien. Dès lors, mon état d'esprit à son égard s'est modifié. Je me suis méfié.

Il était venu à Munich mesurer mon degré de motivation, m'expliquer qu'il avait instauré une nouvelle concurrence. Il m'avait bousculé. Tant que la compétition interne reste loyale, elle ne m'a jamais effrayé, même si cette bagarre est la plus dure à livrer. On ne se bat pas contre un adversaire mais pour devancer un partenaire. Il ne faut donc pas franchement l'aimer trop. Impossible pour moi d'être pote avec mes « concurrents ». Se faire de grands sourires serait hypocrite.

## Une tête de psychopathe

Chaque joueur pense être le plus fort à son poste. J'estimais être le meilleur. J'ai expérimenté en équipe de France des périodes où je sentais que l'on voulait me remettre en question. Ce n'était pas agréable. Pendant mes blessures, de nouveaux éléments ont été testés. Mais j'ai tenu bon. J'ai joué douze ans en équipe de France, dont huit comme titulaire. J'en suis fier. J'ai assuré ma légitimité sur le terrain. Sans faire de cadeaux. Sans qu'on m'en fasse non plus.

Notre campagne éliminatoire pour l'Euro 2004 a été satisfaisante. Nous avions retrouvé par instants cet esprit guerrier, comme lors de la victoire en Slovénie. En amical, nous sommes également allés l'emporter 3-0 en Allemagne. Le public a alors recommencé à croire en nous. Trop. Au Portugal, pour l'Euro, je nous croyais capables de réaliser de belles choses. Chacun était mobilisé et sérieux. D'entrée, à Lisbonne, nous avons battu l'Angleterre sur un improbable renversement de situation final. Zidane, une fois de plus, nous a sortis du guêpier. Quand il a transformé son penalty à la 93ᵉ, j'ai fondu sur lui pour le féliciter. La plupart du temps, je parvenais à garder mon self-control. Pas cette fois. Je ne m'appartenais plus vraiment...

Le lendemain, en regardant dans les journaux la photo où j'agrippais Zidane, je me suis fais peur : j'avais la tête d'un psychopathe. Ma réaction enragée était liée à la frustration du Mondial 2002 et au scénario tendu du match qui m'avait fait penser à celui contre le Sénégal en 2002. Pour la seconde rencontre du groupe, contre la Croatie, Santini avait choisi de ne pas me faire jouer. Je n'ai pas compris. Ses explications ne m'avaient pas convaincu. Il avait invoqué une histoire de carton assez improbable concernant Mikaël Silvestre et l'avait choisi à ma place. J'ai pris sur moi.

Deux jours après le match, dans *L'Equipe*, j'ai lancé un cri d'alarme à mes coéquipiers et au sélectionneur. « Il est temps de se parler », titrait le quotidien au-dessus de ma photo. Nous étions passés à l'arraché contre l'Angleterre et nous avions fait un match nul poussif contre la Croatie. J'avais pris publiquement la parole pour éviter le syndrome 2002, où les garde-fous n'avaient pas fonctionné. En Asie, nous étions allés dans le mur sans rien dire, persuadés que, quoi qu'il arrive, notre talent nous aiderait à nous extirper des situations les plus inconfortables. Mauvais calcul. Deux ans plus tard, je ne voulais pas que le même scénario se reproduise.

J'ai expliqué que chacun dans l'équipe ressentait de la frustration. Et que ce sentiment ne devait pas se transformer en ressentiment. Dommage : ma démarche a été interprétée comme un acte individualiste, parce que j'avais été privé de Croatie. Mais je n'avais pas prêché pour moi, plutôt pour pointer certains détails de notre organisation qui ne fonctionnaient pas. Au moins, nous avons pu échanger. Même si Santini a pu considérer cette interview comme une attaque personnelle, elle a eu le mérite de renouer le dialogue entre les joueurs et lui.

J'ai repris ma place face à la Suisse. Sans faire de mauvais matchs, nous n'avons jamais été brillants. En quarts de finale contre la Grèce, l'issue de la rencontre a tenu à peu de chose. La partie était très serrée.

Mais les Grecs se sont imposés avec la même tactique qui leur a permis de gagner la compétition : une défense béton et bien organisée, un jeu de contre percutant et intelligent. Ce fut notre première défaite depuis vingt et un matchs. Nous avons quitté l'Euro sur un goût amer, parce que nous avions le potentiel pour les battre.

*

Stop ou encore ? Ma condition physique était convaincante. Mais le fol esprit de 1998 et de 2000 semblait s'être évaporé. Peut-être était-il temps de tourner la page. Arrêter l'équipe de France s'inscrivait dans la logique des choses. Après quelques semaines de réflexion, Zidane, Thuram et moi avons décidé de raccrocher.

Ce fut une décision douloureuse. Mais je trouvais beau sur un plan symbolique que nous stoppions ensemble. J'ai mis longtemps à faire le deuil de ces années internationales intenses.

Même si, intronisé sélectionneur le 12 juillet 2004, Raymond Domenech est venu me rendre visite à Marseille pour vérifier si j'avais le souhait de continuer. Ce rendez-vous était bizarre. Je n'ai pas senti une grande conviction de sa part. Même constat et résultat pour Tutu et Ziz. Pas grave, il était temps de laisser à de nouveaux joueurs l'opportunité de créer un groupe, une dynamique, comme celle dont nous avons bénéficié à partir de l'Euro 1996. Je crois aux cycles. A trente-quatre ans, j'ai quitté le Bayern et l'équipe de France.

Quelques mois après notre retrait, des voix se sont élevées pour contester ces départs en retraite volontaires. Celle d'Aimé Jacquet notamment. Comme si nous avions déserté, manqué à notre devoir, nous les récipiendaires de la Légion d'honneur. C'est la seule fois où je ne l'ai pas compris, car personne, de Domenech au président de la Ligue professionnelle, n'avait jusque-là fait cette démarche et montré cette envie. Etrange. Finalement, les paroles d'Aimé ont relancé la nécessité d'un retour des anciens.

Au bout de neuf mois, les résultats de l'équipe de France étant décevants, risquant même de la priver de qualification à la Coupe du monde 2006, les médias ont commencé à évoquer le retour des anciens. Ce qui était une tare – l'âge – se transformait en atout majeur, à savoir l'expérience.

A l'été 2005, Zidane, Claude Makelele puis Thuram sont revenus sur leur décision. J'en ai parlé à Ziz. Il m'a expliqué ressentir le besoin, au plus profond de lui, de revenir en bleu. A ses yeux, cela lui était indispensable pour se maintenir en tension avec son club. Je ne lui reproche évidemment rien. J'ai respecté sa décision et je comprends sa soif d'équipe de France. Mais, à l'aune de la confiance commune que nous partagions, j'ai, sur le moment, été décontenancé.

La sélection était mal partie pour se qualifier. Le contexte avait totalement changé. Ziz pouvait reprendre son costume de sauveur. La stratégie de Raymond Domenech – faire exploser l'affectif qui nous liait – n'avait pas obtenu l'effet escompté. Le sélectionneur avait probablement voulu trop vite faire table rase du passé. J'avais été très déçu de constater à quel point certains se plaisaient à briser ce qui avait fait la gloire et la magie de l'équipe de France. Des mots prononcés avaient été assez radicaux, par une partie de la presse mais aussi notamment par les dirigeants du football français, comme le président de la Ligue professionnelle, Frédéric Thiriez : «L'équipe de France ne se fait pas à Londres, Turin ou Madrid.» Les vieux étaient alors bons pour la casse. Faire la révolution après chaque défaite est un réflexe hexagonal. Il est plus intelligent, selon moi, de modifier par petites touches. Nous avions des choses à transmettre. Il ne faut jamais se couper de son passé, de son histoire et de ses valeurs. C'est l'erreur que Raymond Domenech a commise mais il s'en est aperçu à temps. Il a dû changer de stratégie. Les faits avaient eu raison des principes. J'avoue que cela m'a fait sourire !

Le 15 novembre 2006, en préambule de l'amical France-Grèce, la Fédération a enfin rendu hommage aux champions du monde et d'Europe. Un court spectacle son et lumière, puis nous avons défilé un par un sur la pelouse du Stade de France, en parka ! Une cérémonie vite expédiée, sous les applaudissements du public. Six ans d'attente pour ça ! Malgré les maladresses qui ont émaillé l'initiative, j'ai quand même apprécié la démarche de Jean-Pierre Esclatettes, le président de la FFF.

Notre génération a pratiquement arrêté de jouer. Peu d'entre nous sont devenus entraîneurs. Didier Deschamps est l'exception. Il avait tellement cela en lui.

*Bixente*

Laurent Blanc ou Alain Boghossian voudraient l'imiter. Aucun club ne leur propose de challenge. Comme si notre statut de champions du monde inspirait de la crainte aux dirigeants. Comme si leur carte de visite pénalisait leur ambition. Ce devrait être l'inverse. A l'étranger, il n'y a pas ces réticences. Jürgen Klinsmann, Marco Van Basten ou Frank Rijkaard n'avaient aucune expérience lorsque, à quarante ans à peine, leur ont été confiées les clés de l'équipe nationale. Notre vécu vaut beaucoup. Que Laurent Blanc passe son temps à jouer au golf au lieu de diriger un club m'inquiète.

# 30

## *C'est si loin Vénus ?*

Si loin et si près... Mon rapport aux femmes est assez classique, assez masculin.

J'aime les femmes. Je n'ai pas de doutes là-dessus et en même temps, je n'arrive pas toujours à les comprendre. Elles ont parfois une part de mystère qui me déroute, des réactions parfois aussi. Elles ont des exigences d'engagement difficiles à concilier avec mon besoin fondamental de liberté. S'engager pour la vie ne se décrète pas. Au quotidien, j'ai besoin d'un minimum d'indépendance. Sûrement une certaine forme d'égoïsme, ou du moins l'impérieuse nécessité de préserver le « territoire » qui m'est si cher.

C'est drôle : j'ai passé mon temps à m'engager. M'engager sur le terrain, m'engager dans des équipes, m'engager avec mes potes, m'engager pour des causes, m'engager pour mon fils. Mais avec les femmes, c'est plus compliqué ! Pourtant, mon rapport aux femmes ne sait pas se satisfaire de l'à-peu-près. Je ne sais pas aimer légèrement car j'aime les sensations fortes. Pour une femme, je suis à la fois le mec le plus rassurant du monde, car je suis solide et fiable, et en même temps, je suis le mec le plus inquiétant du monde car toujours en mouvement, dans une quête absolue de liberté, de libre arbitre. Ma fascination pour la mer n'est pas un hasard. Son horizon est infini...

Dès que j'aborde ce terrain, à dire vrai, c'est comme si j'étais un peu perdu, comme si je n'avais jamais vraiment su comment il fallait s'y prendre. Au fond, je suis juste comme beaucoup de mecs : j'adore les femmes mais je n'arrive pas toujours à comprendre comment elles fonctionnent!! Un mec normal, finalement.

*

Je suis un homme secret dans le domaine amoureux. Mais j'ai conscience que je peux difficilement échapper au sujet. Forcément, comment parler de moi sans parler d'elles... Je m'étais pourtant promis de ne pas les évoquer. Par pudeur naturelle, sans doute. Par tendresse, sûrement. Les femmes ont pourtant toujours été présentes dans ma vie.

La première d'entre elles a évidemment été ma mère.

Je dois sans doute beaucoup au caractère de ma mère, Louisette. Déterminée, exigeante, volontaire, elle a toujours été présente dans les moments importants. Gamin, elle m'a emmené partout faire du sport, permis d'assouvir ma passion et de développer mes dons. Avec mon père, elle a été d'un grand soutien dans mes débuts difficiles à Bordeaux. Elle a été un trait d'union indispensable dans mon organisation pour voir Tximista, et par conséquent un facteur d'équilibre pour nous. C'est sans doute le quotidien de tous les parents séparés mais c'était encore plus compliqué pour moi à cause de la distance entre Munich et Bordeaux et d'un planning de footballeur, imposé, ne tenant pas compte des vacances scolaires. Elle est un roc bienveillant, protecteur et sensible. Lui faire admettre la nécessité de m'affranchir de sa tutelle n'a pas été simple.

J'ai quitté le nid familial avant quatorze ans mais je n'ai vraiment pris mon envol qu'une demi-douzaine d'années plus tard. Il fallait couper le cordon. Lorsque l'on connaît le sens légendaire de la diplomatie qui me caractérise, inutile de dire que cela a donné lieu à quelques frictions, aujourd'hui oubliées !

De là à penser que l'omniprésence de ma mère, alliée à l'exigence des choix professionnels formulés très tôt, a fait de moi un célibataire par la force des choses, il n'y a qu'un pas. Eh bien ce n'est pas faux. En plus, je n'étais pas ce que l'on peut appeler le « roi de la drague ». Le football, le surf et mes potes m'accaparaient. Mon vrai premier choc sentimental a été un coup de foudre au lycée qui a mal fini. Jolie brune, piquante. Elle m'en avait fait baver. Je ne pensais qu'à elle, je n'avais plus goût à rien. Elle m'avait quitté du jour au lendemain. J'étais tellement abattu que même le foot ne m'intéressait plus, c'est dire.

Comme tous ces amours d'adolescence, ça fait mal mais on oublie vite.

J'ai rencontré Stéphanie à Bordeaux, au lycée. J'avais seize ans, elle en avait quinze. C'est ma première longue histoire. Txim est né de cette union neuf ans plus tard. C'est la plus belle chose qui me soit arrivée. Mais la vie a rapidement eu raison de notre couple. Nous étions jeunes et sans doute, tout simplement, pas faits l'un pour l'autre. Txim n'a heureusement pas mal vécu cette séparation, une décision toujours difficile à accepter pour un enfant, surtout lorsque son père vit à des milliers de kilomètres du foyer supposé familial. Cet éloignement avec lui a été pour moi une grande source de tristesse et de culpabilité. Malgré ce passage difficile, nous avons réussi à lui donner un bon équilibre. C'est là l'essentiel. Quand je le vois aujourd'hui, je pense que cette expérience l'a aussi rendu fort et que notre complicité n'en est que plus intense. Je suis fier de ce petit homme, fier d'être père, fier d'être son père.

Le charivari né du Mondial 1998 a fatalement changé ma relation aux femmes, tout en me rendant encore plus pudique et méfiant. Du jour au lendemain, nous étions devenus en quelque sorte des pop stars. Quand tu es célibataire, il est difficile de garder la tête froide et de ne pas imploser aux charmantes sollicitations qui surgissaient. J'ai sauvé les meubles comme j'ai pu et j'en ai un peu profité quand même, malgré ma vie de moine !

Lorsqu'a surgi Elsa.

En janvier 1999, en stage en Espagne avec le

*C'est si loin Vénus ?*

Bayern Munich, j'ai profité de trois jours de repos pour fondre sur le Pays basque. Il faisait un temps radieux. Une belle journée de surf m'attendait. Mais je m'étais aussi engagé à effectuer un crochet par Paris et le spectacle des Enfoirés, en tournée au profit des Restos du Cœur. J'ai tenu parole. C'est là, dans les coulisses du concert, que j'ai rencontré Elsa. Là que nous nous sommes parlé pour la première fois. Un regard, quelques mots. Ces moments-là ne se racontent pas. Mais il a fallu deux mois pour que nous nous rapprochions vraiment !

Après m'être séparé de Stéphanie, j'avais décidé de profiter de la vie de célibataire. Je voulais m'accorder du temps. J'ai d'abord refusé l'évidence. Mais Elsa était déterminée. Elle a pris l'initiative. Elle a réussi à contacter mon frère, qui m'a fait passer le message et son numéro. Touché, charmé, je l'ai rappelée très vite tout en jouant à l'indécis pendant plusieurs semaines.

Car je savais qu'en m'embarquant avec elle, je ne pouvais pas le faire à la légère. Adieu mes grands principes de célibataire !

Notre romance a duré sept ans. Sept ans d'aventures, sept ans d'une relation à la fois passionnelle et hors du temps. Elle à Paris avec son fils, moi à Munich sans le mien. Des week-ends volés à nos carrières. Des vacances ensemble avec les enfants, comme autant de réapprentissage de la vie sociale. Et puis, un jour, une lassitude réciproque, terriblement banale, celle de courir l'un après l'autre. La peur aussi, certainement, de se retrouver face à face, tel un couple redevenu classique après ces années comme amants.

La séparation a été douloureuse pour nous deux. Elle a pris du temps aussi car nos sentiments étaient profonds et tendres, doux et forts. Ce fut une très belle histoire. Je respecte énormément Elsa. Maintenant c'est derrière moi, derrière nous. Ces sept années avec Elsa ne me laissent aucune amertume. Je sais que ces quelques lignes sont courtes au regard de ces sept ans mais je préfère garder ça pour moi, pour nous...

Dans les périodes de doute, la vie te réserve parfois de nouvelles surprises sans que tu y sois vraiment préparé. C'est ce qui s'est passé quand j'ai croisé le chemin de Claire. Quand elle est arrivée dans ma vie ou plutôt quand je suis arrivé dans la sienne, j'étais à nouveau célibataire. Je n'avais pas pris cette fois-ci de résolutions particulières si ce n'est le besoin de mettre ma timidité au « garage », de laisser libre cours à mes envies et surtout de repartir de l'avant.

Le problème avec les timides, c'est qu'ils passent d'un extrême à l'autre. Je dois dire que, pour la première fois de ma vie, j'ai été peut-être un peu trop entreprenant avec Claire. J'ai pris une belle « veste », mais j'ai tenu bon ! On peut être timide mais tenace et, après quelques semaines, j'ai enfin réussi à la faire réagir !

J'ai aussi vite compris que cette histoire allait devenir sérieuse. Bien sûr, je ne m'attendais pas à ce que ça aille si vite. J'aime son tempérament, sa douceur et sa joie de vivre. Elle partage mes passions.

Depuis que j'ai arrêté le foot, la vie est plus simple, j'ai moins l'impression de courir après le temps, de me battre contre mes frustrations. Je suis libre dans mon organisation, j'ai du temps pour mon fils, j'ai du temps pour Claire, j'ai du temps pour moi. C'est évident que ça facilite la relation dans une vie à deux. Tout semble réuni pour que la vie nous apporte du bonheur.

Voilà un autre chapitre précieux, frais et enthousiasmant de ma nouvelle vie qui commence et que je tiens à protéger plus que tout.

# 31

## *Repli sur soi*

Détenir le pouvoir ne m'a jamais excité. Mais je supporte encore moins d'être commandé. Je tiens à ma liberté, à mon indépendance. Je vais m'efforcer, dans l'avenir, d'exercer des activités qui répondent à ces exigences. Pas facile. En tout cas, quel que soit mon futur métier, j'espère que je ne porterai pas le costard-cravate. C'est ma hantise. Je déteste enfiler cette panoplie. Le calvaire se produisait en Ligue des champions. L'uniforme, très peu pour moi ! Oui mais voilà, c'est la culture dans les clubs, en particulier dans ceux soucieux de donner une image classe et professionnelle.

Avec le Bayern, nous étions obligés de porter le costume, la chemise, la cravate et le pantalon qui gratte. De toute façon, tout me grattait. Même les chaussures ! En plus, elles donnaient des ampoules. En costume, je me sens coincé, je manque d'air.

Je me pliais à la règle mais je faisais rire tout le

monde. Je comprends que cela fasse partie des codes de certains métiers de représentation. Mais ces tenues officielles n'étaient pas « raccord » avec ma nature. Se la péter une fois avec en soirée peut être marrant. Mais porter un costume tous les jours, quelle torture ! En Ligue des champions, ma rébellion consistait à accessoiriser cet habillage imposé. Par exemple en chaussant des Caterpillar. Ou en m'enfonçant un bonnet sur le crâne, genre docker en costard.

Au sein d'une équipe, je me suis efforcé de me comporter en leader. Mais un leader sur le terrain. Les grands discours ne sont pas pour moi. Ma façon de cheminer consistait à montrer la voie sur la pelouse, par ma détermination. C'est lié à une forme de pudeur, que je n'ai jamais complètement éliminée. J'éprouve un mal fou à prendre la parole devant du monde, peut-être aussi parce que, dans mon contexte familial, je n'y ai jamais été préparé. Il y avait peu de joutes verbales sur la politique ou la société pendant les repas. Ces expériences m'ont sans doute manqué.

Je préfère le tête-à-tête. Parler face à une caméra ou être interviewé dans une émission de télévision ne me pose pas de problème. Mais prendre la parole en public est un exercice tendu pour moi et me fait totalement perdre mes moyens. Je n'ai jamais réussi à analyser les raisons de ce blocage. Nous avons tous notre part d'ombre. Il faudra que je travaille dessus. Le métier de consultant sur Canal+ va sans doute m'aider à me libérer. Au fond, tout est une question d'entraînement. Prendre la parole s'apprend. Si on appréhende trop, on ne se libère pas. Et puis un jour tu te décides et tu t'aperçois que ce n'était pas si compliqué.

Je possédais pourtant cette facilité et cette fluidité dans le discours aux Girondins de Bordeaux. J'étais capable de transmettre de l'énergie aux autres. J'étais capitaine, j'avais ça en moi. Un regard sur les images de cette époque me permet de mesurer combien j'avais vraiment la tronche du capitaine, de celui qui mène son équipe. J'agissais de manière instinctive. Je m'identifiais à la préparation du rugby, dont le cérémonial de la remise des maillots m'a toujours enchanté, celui de se donner des coups d'épaule pour se motiver aussi. Dans le vestiaire, je parlais, on m'écoutait. Je recherchais le contact. Bouillonnait en moi une sorte d'agressivité pour atteindre cette osmose avec le groupe.

Jusqu'à ma pubalgie et ses deux opérations, j'avais un physique de folie. Je me sentais indestructible. Cette blessure et ses complications m'ont fait comprendre que le corps humain n'est pas une machine parfaite. Et qu'il ne suffit pas d'appuyer sur un bouton pour que cela fonctionne. C'est là, à partir de 1997, que j'ai perdu totalement cette capacité à exhorter mes troupes. Je me rends compte à quel point ces pépins de santé ont marqué un tournant. Dès lors, je me suis moins investi, optant pour un repli sur moi-même. J'avais peur que mon physique me lâche de nouveau. J'avais dû puiser profondément à l'intérieur de mon être. Je ne pouvais plus autant partager avec l'extérieur. Cette lutte avait été si intense, personnelle et longue que, sans doute inconsciemment, je me suis recroquevillé. Et que j'ai perdu cette fibre de capitaine. Je n'avais plus la capacité ni l'envie de m'occuper des autres.

Je regrette de ne pas avoir pu pousser plus loin cette expérience de capitaine alors que j'étais fait pour ça. J'ai tellement eu peur de rater le Mondial 1998. Ce traumatisme a altéré cet aspect-là de ma personnalité. J'ai préféré d'abord me concentrer sur moi-même. A la Björn Borg, mon idole de jeunesse! Il m'a été demandé, au Bayern Munich et en équipe de France, de m'impliquer davantage. J'ai refusé. Je ne m'en sentais pas capable. Je n'en voulais plus. Je ne l'ai pas souhaité. Les circonstances m'y ont conduit.

J'ai abandonné la prise de parole en public. Et puis, au Bayern, je me voyais mal assener des vérités au collectif en allemand. Malgré ce changement de registre, j'ai, me semble-t-il, toujours été irréprochable. J'ai rencontré de nombreux joueurs m'affirmant qu'ils n'avaient qu'à me regarder pour se motiver. Me voir tacler dans tous les sens leur donnait du tonus, leur montrait le chemin à suivre. Lilian Thuram, par exemple, m'a souvent répété que j'étais un leader par procuration, que mon esprit de compétition plaidait pour moi.

A certains moments, dans le secret du vestiaire, j'aurais eu envie de prononcer des mots qui correspondaient à l'événement. Des paroles qui rassemblent, fassent comprendre que nous n'étions qu'un, chose formidable dans un sport collectif. Je voulais mais je n'ai pas pu... Mais non, je n'y arrivais pas. Je songeais à des phrases qui sonnaient juste mais le son ne sortait pas.

Depuis la fin de ma carrière, peut-être aussi parce que je ne suis plus autant obnubilé par mon corps, je retrouve peu à peu cet instinct de leader et de fédérateur. Ce goût du capitanat. Je n'hésite pas à aller vers les autres, à les écouter, à échanger comme je le faisais avec les invités de mon émission de radio, à l'époque bordelaise, celle de mon capitanat. Cette expérience, bien davantage que quelques cours théoriques de communication suivis aux Girondins, a contribué à ma progression. Elle m'a appris notamment à synthétiser ma pensée. Le club possédait sa propre station, Wit FM, devenue filiale de Sud Radio. A vingt-deux ans, j'y ai animé pendant deux saisons *Carte blanche*. J'avais conçu la tranche à mon goût. Je m'occupais même de la programmation musicale. Je parlais gastronomie, mer, sport, environnement, vin, etc. Je partageais mes enthousiasmes, mes curiosités. J'invitais aussi bien un rugbyman qu'un ostréiculteur ou un chanteur. Je me souviens encore du passage de Nicolas Hulot, aux idées duquel je suis très sensible, et qui avait effectué un crochet remarqué par nos studios.

# 32

## *La culture de la gagne*

La gagne est une culture, une éducation, un mode de fonctionnement. Au Bayern Munich, et c'est valable aussi à Manchester, à Madrid, à Barcelone ou à Milan, j'ai trouvé d'emblée cet état d'esprit. Du personnel administratif à la cellule sportive en passant par le magasinier, chaque élément de l'entreprise Bayern respirait la compétition. C'était contagieux. Je me suis habitué en Bavière à avoir de l'ambition, à me fixer en début de saison des objectifs élevés. Se remettre en question, agir avec rigueur et motivation était la norme. Etre champion d'Allemagne et gagner la Coupe nationale ne suffisait pas à contenter nos appétits. Le mot d'ordre était : « C'est bien mais nous sommes le Bayern et nous devons continuer à gagner des titres. Nous tournons donc la page et nous écrivons de nouveaux chapitres. »

Les anciens communiquaient cette culture de la gagne aux nouvelles recrues. Ce fut le cas avec Willy

Sagnol, arrivé de Monaco à l'été 2000. Je suis heureux de l'avoir aidé à ses débuts en Allemagne, de lui avoir transmis quelque part cet esprit Bayern. Je suis fier, aussi, qu'il soit aujourd'hui l'un des leaders incontestés de cette équipe. J'ai pris plaisir à partager ces victoires avec lui. Nous entretenions une vraie complicité. Nos caractères s'assemblaient bien. Les petits moments partagés et les discussions avec lui avant les matchs me manquent.

Au Bayern, nous anticipions en permanence et disputions parfois une rencontre de championnat à 80 pour cent de notre potentiel lorsque nous menions, afin de préserver nos forces pour l'Europe. Quel que soit l'enjeu, personne ne tremblait. L'événement n'était pas surjoué avant, ce qui évitait de perdre de l'influx. Personne ne versait non plus dans l'euphorie. Plus le niveau montait et plus nous étions sereins. Les habitudes ne se modifiaient pas au gré des résultats.

La finale de la Ligue des champions en 2001 contre Valence a été révélatrice à cet égard. Un but partout à l'issue du temps réglementaire. Les prolongations ne changent rien. Seule la séance des tirs au but peut nous départager. La première série de cinq tireurs n'y parvient pas. Il faut désigner d'autres volontaires. Uli Hoeness, le manager général, s'avance sur la pelouse pour discuter avec moi. Je lui explique que je m'en voulais tellement d'avoir raté mon penalty au Mondial contre l'Italie trois ans plus tôt que j'avais décidé de ne plus en tirer. J'avais respecté ce vœu, y compris à l'entraînement. Je lui demande ce qu'il en pense. Et il me répond, sur un ton très posé : « J'ai confiance en toi. Si tu le sens, tu tires. Quoi qu'il arrive, nous sommes avec toi. Si tu rates, ça ne changera rien entre nous. Nous partageons les responsabilités.» Dans un tel contexte, le Bayern n'ayant plus gagné la Ligue des champions depuis 1976, Hoeness aurait pu être nerveux. Mais il était serein, détendu. Il m'a transmis sa confiance, apporté une force intérieure. Trois ans sans tirer un seul penalty et là, je me retrouve dans cette situation, en finale de la Ligue des champions. Sur le long chemin qui mène de la ligne médiane au point de penalty, je repense au tir au but de l'Italie, à la frappe de « mouche » que j'avais envoyée. Et je me dis : « Tu vas prendre le ballon et tu vas frapper tellement fort que même si le gardien est sur la trajectoire, il va rentrer dans le but avec et transpercer les filets.»

C'est ce que j'ai fait, sauf que le gardien a été pris à contre-pied. J'étais heureux et fier de moi. Cela m'a permis d'exorciser mon échec à la Coupe du monde. Et de régler mes comptes. Quelques minutes plus tard, Oliver Kahn repoussait la tentative de Pellegrino. Le Bayern était sacré. Je pouvais exploser. Après la victoire en 1998, cette Ligue des champions était le trophée que je convoitais le plus.

Même en cas de blessure d'un joueur majeur, l'encadrement ne s'affolait pas. En équipe de France, lors de la Coupe du monde 2002, cela a été panique à bord quand Ziz a été touché. Privé de sang-froid, on ne peut accomplir de grandes choses. Le professionnalisme au Bayern était tel que les joueurs n'avaient à se préoccuper que d'êtres bons sur le terrain. Tout était géré au millimètre, du contact avec les médias jusqu'aux soins médicaux. J'avais uniquement à me concentrer sur mon métier. Cela n'empêchait pas les dirigeants de taper du poing sur la table quand ils l'estimaient nécessaire. Leurs paroles n'en avaient que plus de poids et ils ne faisaient pas dans la dentelle quand ça n'allait pas.

J'ai pu aussi mesurer leur solidarité lors des bagarres avec Matthaüs ou Kovac. Ils auraient pu m'enfoncer, ils m'ont protégé. Bienveillance similaire après la réception des menaces d'ETA. « Si tu souhaites faire un break, prends le temps qu'il faut afin de revenir d'aplomb », m'a assuré Uli Hoeness. J'avais apprécié, mais j'avais au contraire besoin de jouer et de vivre normalement.

Au Bayern, j'ai parfaitement exprimé ce que l'on appelle « l'orgueil du champion ». Au plus haut niveau, l'orgueil comme la fierté sont indispensables. Sans, tu es mort. Dans ma carrière, j'ai aussi su faire preuve d'acharnement. Les grandes réalisations ne sont pas le fruit de la force mais de la persévérance. Sans cette qualité-là, j'aurais sûrement écouté Bernard Larue, mon entraîneur chez les cadets, et je ne serais jamais devenu footballeur professionnel.

Au Bayern première époque, je ne voulais pas rentrer en France sans le sentiment d'avoir transformé cette expérience à l'étranger en succès. Tout n'a pas été facile, au début surtout. Mais, sans arrogance, je peux dire que j'ai réussi. Je suis champion du monde 1998 et j'ai gagné bien d'autres titres encore. C'est gratifiant. On ne me l'en-lèvera jamais. C'est inscrit dans ma vie. Cela fait du bien de se le rappeler de temps en temps, tant l'ab-sence de culture de sport de compétition en France renvoie davantage à l'image de « retraité du sport » plutôt qu'à la lecture du palmarès. En Allemagne, Franz Beckenbauer, Uli Hoeness, Karl Heinz Rumennigge ou Gerd Muller, qui travaillent tous au Bayern Munich, seront à jamais champions du monde. Le raisonnement qui m'animait était : plutôt crever que de revenir la queue entre les jambes ! Mon bien-être passait par là. Oui, c'est vrai, je devais veiller à ce que mon acharnement, mon orgueil et ma fierté ne flirtent pas parfois avec la connerie ! L'homme sage est aussi celui qui sait s'arrêter. Mais bon, pour la sagesse j'ai encore du boulot !

# 33

## *El Che*

Lors de mes dernières saisons, j'ai souvent porté une barbe de « trois jours » – qui, chez moi, met en fait un mois à pousser ! – et des cheveux longs qui montraient une facette de ma personnalité beaucoup plus sauvage et révoltée que ce que l'on pourrait imaginer. Plus éloignée de l'image du « gendre idéal », qui m'a collé à la peau avec mon visage juvénile, mon sourire sympa et ma coupe proprette de la période Coupe du monde 1998. Je n'ai pas souffert de ce cliché mais j'ai éprouvé l'envie d'évoluer. Inconsciemment, j'ai cherché à dévoiler un aspect plus complexe, voire plus diabolique de ma personnalité ! Moins lisse, en tout cas.

J'avais déjà tenté par le passé quelques expériences. Dans mon adolescence, je me rappelle, non sans rire, de ma période new wave gothique. C'était le délire de mon pote Manu et ça m'amusait de sortir ainsi en ville avec lui. Puis j'ai eu ma période boucle d'oreille.

Un anneau à l'oreille gauche, plus précisément. Je vous laisse imaginer la réaction de mon père, qui n'avait pas trouvé ça drôle du tout ! J'ai aussi expérimenté les cheveux courts en pétard. Mais c'était tout un cérémonial au niveau du gel, qui m'a vite soûlé. Puis j'ai eu une période de six mois avec le crâne rasé. On ne peut pas dire que je ressemblais à une gravure de mode mais cela accentuait ma détermination sur le terrain. Aujourd'hui, mes cheveux sont plus longs et dans tous les sens. Je me sens plus en phase. Ce nouveau look n'est pas très éloigné d'un certain Ernesto Guevara, plus connu sous le nom du Che. Le clin d'œil n'est pas pour me déplaire. J'ai dévoré toutes les biographies qui lui ont été consacrées. Je voulais mieux comprendre cette icône, la trajectoire de ce jeune Argentin étudiant en médecine devenu révolutionnaire marxiste et dirigeant de la guérilla internationaliste cubaine. Comme pour l'ETA, l'intention initiale, lutter contre les injustices, était noble. J'y voyais un bel idéal, qui a vite mal tourné.

Son idéal de départ symbolisait une volonté d'équité et de justice à laquelle j'aspire. J'ai su m'élever par ma force de caractère, par ma persévérance, mais jamais en recourant à des coups tordus. Même si je pratiquais la compétition, je n'ai jamais marché sur les autres pour avancer. Mes valeurs sont le fruit de mon éducation et de mes origines. Je leur suis fidèle. C'est un cadre à ma vie. Comme l'amitié.

J'ai un sens de l'amitié assez noble et je me suis rarement trompé. J'instaure un véritable code d'honneur. Si quelqu'un le trahit, c'est fini. Fini parfois pour la vie. Je suis généreux et loyal, mais aussi très sévère lorsque le fil est rompu. Bien sûr, il peut y avoir des moments d'incompréhension et des engueulades. Mais je ne supporte pas la faiblesse en amitié et, encore pire, la trahison.

## 34

## *69*

Choisir le moment pour s'éclipser des terrains est un exercice délicat. C'est une décision intime, une question de timing, aussi. Le danger est évidemment, selon la formule consacrée, d'accomplir la saison de trop. J'ai repoussé les échéances année après année, me fixant à partir de la trentaine des objectifs élevés sur le seul exercice à venir. Dans ma conception des choses, ne pas être performant au moment de ma sortie n'était pas acceptable.

Je carbure au haut niveau. Voilà pourquoi j'ai mal vécu les rumeurs qui, lorsque je traversais une passe difficile à Marseille, ont mentionné des propositions de clubs du golfe Persique. Impossible. Je ne sais pas envisager ce sport en dilettante. Peut-être certains espéraient-ils me voir partir en préretraite. A partir de fin 2004, les spéculations se sont accumulées.

J'ai par exemple entendu que j'allais remplacer

Jean-Michel Larqué comme consultant sur TF1. Je m'étais pourtant contenté de discuter avec les dirigeants de la chaîne. Au lendemain de notre victoire à l'Euro 2000, nous avions salué la foule rassemblée au pied de l'hôtel Crillon, place de la Concorde. Sous la terrasse, ils étaient près de 400 000 fans déchaînés. Etienne Mougeotte, numéro deux historique de TF1, s'était déplacé en personne. Et m'avait choisi pour être l'invité principal du 20 heures de Patrick Poivre d'Arvor le soir même. Sympa. Plus tard, Mougeotte m'avait glissé : « Quand vous aurez terminé le football, je voudrais que vous veniez à TF1. »

Canal+, par Michel Denisot puis Alexandre Bompard, son successeur à la direction des sports, m'avait aussi sondé. Mais il ne s'agissait pas de négociations, juste d'entrevoir quels contours pourrait revêtir ma seconde vie. Ma carrière, alors, n'était pas terminée. Je m'estimais en parfaite forme physique. Ces rumeurs m'ont touché. Elles ont alimenté et décuplé ma motivation. J'ai rebondi en un éclair au Bayern Munich. Il était hors de question de m'arrêter sur mon expérience marseillaise. Plutôt crever !

A l'époque, je me suis bien fait descendre. Peu de journalistes m'ont défendu. Beaucoup, comme une meute de chiens qui s'acharne sur un bout de viande, m'avaient fracassé, soulignant même pour l'un d'entre eux que je ferais un meilleur consultant que footballeur. Je serais donc devenu un mauvais joueur en l'espace d'un mois ! J'ai gardé ces articles en souvenir. C'est mal me connaître et c'est mal connaître le football. J'ai surtout senti dans ces propos une volonté de faire mal pour le plaisir et ça, je ne le pardonne pas. Je ne concevais pas ce retour au Bayern comme un come-back. Plutôt une histoire qui continuait, après une parenthèse de six mois. Avec en plus un regard neuf, de la fraîcheur. Seul Munich pouvait m'offrir ce dont j'avais besoin pour mon dernier gros défi sportif. Je me suis installé à l'hôtel, dans une suite du Kempinski, en plein centre. D'une certaine manière, j'ai redécouvert la ville.

Sur le terrain, mon habituel numéro 3 ayant été attribué pendant mon séjour marseillais, j'ai choisi de porter le 69. Pour plusieurs raisons : né en 1969, je mesure 1,69 mètre. Finir avec le numéro 69 était pour moi une belle façon de terminer ma carrière. La portée érotique n'était pas pour me déplaire. Bref, un nombre qui me ressemblait ! A peine avais-je posé le pied en Bavière que j'étais apaisé. Je pouvais revenir aux sources de mon métier. Gommer ce stress inutile et me concentrer sur mes entraînements comme sur ma préparation. Au Bayern, on me demandait juste de bien faire mon boulot à mon poste. Ce départ de l'OM n'a pas été un échec mais une libération.

On m'assurait fini à Marseille. Ma réponse a été cinglante. Six mois plus tard, je remportais pour la cinquième fois le championnat et la Coupe d'Allemagne. Et j'étais désigné meilleur arrière latéral de la Bundesliga, en ayant disputé 75 pour cent des matchs, dont tous ceux en Ligue des champions. Nous avons été éliminés par Chelsea. L'occasion de mesurer le temps qui passe : j'avais joué avec Arnor Gudjohnsen aux Girondins et je retrouvais Eidur, le fils de l'Islandais, attaquant lui aussi, chez les Anglais !

A trente-cinq ans et demi, le club m'a proposé une année de contrat supplémentaire. J'ai parlé à mon horloge biologique. Elle m'indiquait que l'heure de raccrocher n'avait pas sonné. J'ai donc accédé au souhait du Bayern. J'estimais ne pas en avoir fini avec le football. Je voulais partir sans regrets, aller au bout de ma passion et, si possible, soigner en beauté mes adieux. Allez, c'est ma tournée ! Je suis heureux car j'ai maîtrisé jusqu'au bout mon destin. Je sais que partir avec élégance est une chance, un luxe.

Le départ était programmé le 13 mai 2006, dernière journée de championnat. Ma 183$^e$ en Bundesliga. Avec pour théâtre l'Allianz-Arena, notre nouveau stade, construit pour la Coupe du monde. Une arène somptueuse, surnommée « le canot pneumatique » à cause de sa façade transparente constituée de milliers de coussins d'air constamment maintenus sous pression.

Cet après-midi-là, 69 000 spectateurs étaient rassemblés. Dont une grande partie de ma famille, de mes amis. Je tenais à la remercier de m'avoir ainsi accompagné toutes ces années et ils souhaitaient vivre ce moment émouvant avec moi. Dans les tribunes, donc, mes parents Jean et Louisette, mon frère Peyo, mon fils Tximista, mon oncle Paquito, mes entraîneurs formateurs Pierrot Labat, Peyo Sarattia et Norbert Baudias, ainsi que mes amis les plus proches : Franck Riboud, Jacques Bungert, Pierre Agnès, Guy Forget, Kepa Cabareda, Matthieu Chedid, Guillaume

Canet, Damien et Fabienne Dumas, Armel Désiré,
Bernard Choquet, Fabrice Le Gac, Francis Lalanne,
Nathalie Cuman, Jean-Charles et Nathalie Sabattier,
l'amiral Duplessis.

Moments d'émotion aussi quand, à l'échauffement,
mon ami et partenaire Willy Sagnol est venu me voir
pour me glisser : « Merci de m'avoir aidé à m'intégrer
au Bayern. Je suis fier d'avoir joué toutes ces années
avec toi. »

Karl-Heinz Rummenigge et Uli Hoeness m'ont
remis une gerbe de fleurs. Dans le rond central à mes
côtés, Jens Jeremies et Michael Ballack, deux anciens
Allemands de l'Est, saluant également une dernière
fois l'assistance. Le premier s'éclipsait sportivement,
le second s'apprêtait à rejoindre Chelsea. Le public a
été merveilleux, une fois de plus. Sur une banderole
déployée dans le stade, je pouvais lire « Merci
Bixente, nous ne t'oublierons jamais ».

Le Borussia Dortmund a marqué trois fois, nous
aussi. L'enjeu sportif était limité : nous étions déjà
champions. Dès que je touchais le ballon, les spectateurs émettaient un puissant et guttural « Bi-xente ooh
ooh ooh ooh, Bi-xente ooh ooh » sur l'air de *Volare*.
Mais qu'est-ce que j'avais peur de mal faire... Je n'en
dormais plus. La nuit précédente avait été atroce.

D'ordinaire, je contrôle mes émotions. En l'occurrence, je n'ai pas pu faire grand-chose. Trop d'éléments disparates m'embuaient le cerveau. Je n'avais
pas envie de décevoir mon clan. La charge émotionnelle était forte. Paradoxalement, pour un joueur de
mon expérience, j'étais tendu comme un jeune du

centre de formation lancé pour la première fois chez les professionnels. J'étais à l'écoute, super concentré, obnubilé par l'idée de ne pas commettre la moindre erreur. J'ai livré une partition propre. Quand je revois les images, je mesure combien j'étais contracté. Les jours précédents, je m'étais imaginé les pires scénarios possibles. Vraiment. Lors de mon retour au Bayern fin décembre 2004, j'avais rejoint mes coéquipiers directement en stage à Dubaï, aux Emirats arabes unis. Mais, pour mon premier match officiel contre Hambourg, je m'étais fait, tout seul au bout de six minutes de jeu, une déchirure au mollet gauche. Et j'avais encore en mémoire mon dernier match à Bordeaux : Kostadinov, en finale de la Coupe de l'UEFA 1996, m'avait défoncé volontairement le genou après vingt minutes. Ce sont donc des choses qui arrivent. J'étais perturbé. Devant ma famille et mes amis, je ne devais pas me rater.

Histoire de conjurer le sort, j'avais envisagé trois hypothèses cataclysmiques : une blessure prématurée, qui m'aurait obligé à sortir ; une erreur gigantesque, du genre un but contre mon camp ; ou alors une perte totale de self-control, du style décrocher une droite à l'adversaire. On ne maîtrise pas toujours ses émotions.

Quand l'arbitre a sifflé la fin du match, j'étais soulagé. Content que ça se termine sans fausse note. Je suis allé chercher Tximista dans les tribunes et, avec mes partenaires, nous avons reçu le saladier d'argent de champions d'Allemagne.

J'étais heureux mais crispé. Il y avait trop de sentiments mêlés : bonheur, peine, peur, soulagement, fierté. Mon cerveau était tellement en ébullition que je me sentais groggy. Seule la présence de Tximista me ramenait à la réalité et m'apaisait. Je voulais partager ce moment avec lui.

C'était mon dernier tour de piste, ma dernière partition et je flippais comme un homme qui sent sa mort arriver. Je n'ai finalement pas réussi à capter toute l'émotion du moment. Je n'ai pas vu les larmes dans les yeux de mes parents. C'est plus tard, en revoyant les images, que tout est remonté à la surface.

Mes premiers adieux au Bayern avant l'Euro 2004 avaient été plus touchants car j'étais libéré. Le public avait scandé mon nom tellement fort que, au moment du penalty, Roy Makaay s'était finalement effacé. Et j'avais marqué, face à Fribourg, le but qui assurait notre place en Ligue des champions. A l'issue de la rencontre, en larmes, j'avais été porté en triomphe par mes coéquipiers. J'avais effectué un tour d'honneur et jeté mon maillot à la foule. Puis annoncé au micro, à l'attention des spectateurs du Stade olympique : « Je sais que je ferai toujours partie de la famille du Bayern. »

# 35

## *Le requin, le loup et l'ours*

Ce n'est pas très facile de parler de son caractère et en particulier de ses défauts. Mais bon, puisqu'il faut tout dire ou presque, je vais me prêter à cet exercice. J'ai une forme de sympathie, de vieille complicité pour mes défauts car ils m'ont aussi permis d'arriver là où je suis. Maintenant que je suis un homme nouveau, il est peut-être temps que je lève un peu le pied dans ce domaine. Pour commencer, je dirais que j'ai une personnalité assez animale. Ce qui comporte un certain nombre d'inconvénients.

Comme le requin, je ne peux pas rester immobile. Si je ne suis pas en mouvement, je meurs, je m'asphyxie. Il faut que je sois en permanence dans l'action, et le sport est une forme de thérapie.

Comme le loup, j'ai besoin de moments de solitude et la mer est mon refuge.

Comme l'ours, je suis sympathique et pacifique en

général, cabochard et râleur parfois, quand on m'emmerde.

Je juge davantage les gens par leur attitude que par leurs mots. Je n'aime pas les embrouilles, les plans compliqués ou ceux qui démarrent mal. Dans ce cas, je ne suis pas flexible, j'arrête tout.

J'ai aussi l'horrible défaut, quand je me trompe, de ne pas vouloir l'admettre sur le moment, mais des centaines d'années après ! J'ai énormément de mal à avouer mes erreurs. C'est plus fort que moi, sans doute parce que mon métier m'a obligé à masquer mes doutes ou mes faiblesses. Pour me trouver des excuses, je me retranche derrière une citation de Che Guevara : « Il ne faut pas perdre de temps à se justifier sur ses erreurs, il faut les corriger. » Je crois que je tire toujours des enseignements de mes erreurs inavouées. Je me remets continuellement en question. Je n'ai jamais considéré que tout était acquis.

Je ne supporte pas la contrainte et l'autorité me rebute quand elle n'est pas juste. Même si j'en suis arrivé aux mains de façon assez régulière, je ne suis pas un bagarreur et je ne me suis jamais battu par hasard. Mes inimitiés ont du sens car elles me permettent de savoir ce que je ne veux pas être ou ce avec quoi je ne veux pas composer. Du coup, j'aime entretenir une rancune tenace.

Exigeant avec moi-même comme avec les autres, je peux me montrer dur lorsque je suis déçu. Radical. Cassant. La diplomatie n'est décidément pas ma principale qualité. Mais, ça tombe bien, le football ne m'obligeait pas à l'être. Quand j'atteins le point de non-retour, il faut que ça éclate. J'aimerais pouvoir dénouer les choses avant l'explosion. Mais, pour me calmer et que ça reparte, j'ai souvent besoin d'un bon pétage de plombs. Il a lieu en général une fois tous les deux ans !

Je suis terriblement impatient. J'étais à l'aise en Allemagne car on se disait les choses sans jouer au billard à trois bandes. L'organisation y était efficace. On ne perdait pas de temps. Or je déteste perdre mon temps. Ce qui me vaut avec ma mère quelques échanges épicés. Elle aime bien parler ! Et peut prendre dix minutes pour m'expliquer un truc qui devrait en durer deux. Cela me rend dingue. Je peux lui couper la parole et lui dire : « Fais un résumé, et après tu me racontes » ou « Abrège ! ». Quel fils indigne !

Quand je suis de mauvaise humeur ou contrarié, je ne sais pas le masquer. Cela se voit à cent kilomètres à la ronde ! Je suis incapable de faire semblant. A cause de mon exigence, je peux me montrer assez râleur, comme aime à le souligner mon fils. Et j'avoue que ce petit bonhomme me calme direct dès qu'il me prend en flagrant délit.

Je suis certain que je suis quelqu'un de bon dans le fond. Mais je sais aussi que, parfois, je peux être dur dans la forme. La vérité est que j'ai encore du mal à composer avec le petit volcan qui bout à l'intérieur ! C'est le contact de l'eau et du feu.

# 36

## *L'ange Zidane*

J'ai vécu un Mondial 2006 schizophrénique. Je pensais originellement m'accorder une véritable coupure. Canal+ n'avait pas les droits de la compétition quand j'ai signé avec eux un contrat de trois ans. Il n'était donc pas question d'intervenir durant la Coupe du monde, mon rayon d'action couvrant un spectre assez large, puisque je suis par exemple susceptible d'apporter ma contribution sur d'autres sports ou disciplines, comme la mer ou la musique. Puis la chaîne a pu diffuser des matchs. Elle m'a demandé d'être l'un de ses consultants. J'ai également accepté de rédiger une chronique pour *L'Equipe*. Situation schizophrénique, donc, car j'étais encore joueur dans ma tête.

La bascule a été un peu rude. Comme tous les anciens champions du monde, j'ai été invité à défiler sur la pelouse à Munich en prélude du match d'ouverture entre l'Allemagne et le Costa Rica. Cela faisait un peu ancien combattant, alors que je me sentais membre de la sélection allemande : quelques semaines plus tôt, je m'entraînais avec Oliver Kahn, Michael Ballack, Philipp Lahm ou Bastian Schweinsteiger. Plus tard, en dévisageant Willy, Tutu ou Ziz, j'ai eu envie de rentrer sur le terrain avec eux, de leur prendre la main. Je me demandais ce que je faisais là, en studio à Paris. J'étais ému. J'ai dû prendre sur moi pour faire la part des choses et cela n'était pas évident.

Cette expérience m'a aussi permis de découvrir l'envers du décor. J'ai pu mesurer la puissance de frappe d'un Mondial. Joueur, j'étais coupé du monde. Une stratégie salutaire. Là, j'ai vu des journalistes affluer de partout. Ils se livraient une concurrence féroce. Pendant un mois, l'actualité s'est focalisée sur le football. Plus rien d'autre n'existait sur la planète. Comme si elle s'était arrêtée de tourner. Je comprends ceux qui, au bout de quelques semaines, en avaient marre de ne pas pouvoir échapper au déluge.

Je suis retourné à Munich pour la rencontre Brésil-Australie. La passion des supporters était dévorante. Joueur, je ne m'en rendais pas forcément compte. Ce Mondial m'a donné l'occasion d'aborder concrètement ma deuxième vie. De comprendre qu'être consultant constitue un véritable métier. Qu'il est nécessaire d'éplucher la presse et de préparer ses interventions pour apporter un plus à l'antenne, même si mes dix-neuf ans de footballeur professionnel et la carrière que j'ai menée sont un capital précieux. J'ai longtemps cru qu'être en plateau dans une émission ne me conviendrait pas, convaincu d'être plus à l'aise à commenter des matchs. Je me suis finalement bien éclaté à analyser et à débattre. Je pense avoir progressé, notamment dans mon rapport à la caméra. Mais rien ne peut remplacer le match en direct. Cela a été dur de suivre ce Mondial. Quelques semaines avant, je m'entraînais encore à faire des duels avec le Brésilien Ze Roberto. Et je le suivais là, sur le terrain. Je m'y voyais presque.

J'ai pris plaisir à suivre l'épopée des Bleus. Pour être honnête, jusqu'à l'Espagne en huitièmes, je les voyais mal partis. Je craignais de revivre le scénario du Mondial 2002, avec une élimination au premier tour.

Et puis, comme souvent en sport, il a fallu un déclic. Ce fut la rencontre face à l'Espagne, extrêmement maîtrisée. Elle leur a donné confiance. Cela représentait aussi une forme de soulagement. L'objectif affiché, les quarts de finale, était atteint. La suite relevait du bonus. Les esprits se sont naturellement détendus, la pression atténuée. Les Bleus n'étaient plus spécialement attendus au tournant, un avantage psychologique. En revanche, le Brésil était le favori. Une majorité leur avait décerné le trophée avant même le début de la compétition, comme à nous quatre ans plus tôt.

Les Bleus ont abordé les quarts de finale en outsider. Et ils ont accompli leur match le plus abouti du tournoi. Ronaldinho n'était certes pas au top mais l'équipe de France, ce soir-là à Francfort, a été parfaite. Zidane, surtout. Il a rayonné. J'ai suivi la rencontre sur écran haute définition. Etait-ce le format ? Il avait un visage d'ange. Il semblait habité, comme dans un moment de grâce. Il a tiré l'équipe vers le haut. Qu'est-ce que j'aurais aimé être à ses côtés ! Son Mondial a été à l'image de celui des Bleus : un premier tour difficile, où je le sentais énervé, un grand match face à l'Espagne, une partie de folie contre le Brésil.

Evidemment, demeure le grand regret. Celui de son geste en finale. Il a craqué. Lorsqu'il a donné son coup de boule à Marco Materazzi, je suis tombé de ma chaise. Ziz, on le connaît. Dans sa carrière, il a écopé de plusieurs cartons rouges pour des gestes d'énervement. Ce n'est donc ni un mystère, ni une surprise. Mais je ne pensais pas que ça pouvait arriver. Pas là, pas maintenant. Pas à trente-quatre ans, en finale d'une Coupe du monde, pour son dernier match.

J'étais dévasté pour lui comme si c'était moi. Pourtant, nous avions eu une conversation avant la demi-finale France-Portugal. Je l'avais mis en garde sur la provocation des Portugais. Des joueurs de son talent sont toujours très exposés aux coups ou à la provocation. Il avait parfaitement gardé son sang-froid et m'avait avoué qu'il avait pensé à mes paroles pendant le match. Je regrette de ne pas lui avoir parlé aussi avant l'Italie. Mais j'étais certain que tout se passerait bien car c'était la finale. Et Ziz est très respecté en Italie. La tension était extraordinaire. Ziz était à fleur de peau. Il était dans une forme optimale, affûté comme une lame. Tous ses sens étaient en éveil. Il était concentré, motivé. Ce trop-plein d'émotions, d'énergie et d'angoisse a débordé. Un grain de sable a enrayé la machine et le fusible a pété.

## L'ange Zidane

Ce n'est pas simplement l'insulte qui l'a fait dégoupiller. Je ne crois pas à cette hypothèse, tant cette pratique est courante dans le football. En fait, je crois que Ziz avait sûrement un trop-plein de tout ! Je le comprends, je l'ai vécu aussi sur mon dernier match. La charge émotionnelle était énorme. La scène était incroyable : le coup de boule, très rapide, et puis le calme, aussitôt. Comme une espèce de colère froide. Et dire que, quelques minutes plus tôt, il avait manqué inscrire le but de la victoire sur une tête détournée au forceps par Buffon ! Je regrette tellement de ne pas avoir été à ses côtés ce jour-là...

L'Italie est donc sacrée championne du monde. La France est passée tout près. D'autant plus rageant que les Bleus ont déployé une meilleure qualité de jeu en finale. Mais ce n'est pas assez. La Squadra Azzura a obtenu sa revanche. A l'Euro 2000, elle s'était inclinée face à nous alors qu'elle avait fait un grand match. C'est terrible, mais il existe un tel gouffre entre être champion du monde et finaliste. Entre soulever la Coupe du monde et se faire remettre une médaille.

# 37

## *La fureur de vivre*

J'ai traversé ma carrière de footballeur à 300 kilomètres/heure. J'ai quitté sans regrets cette première partie de mon existence, au cours de laquelle j'ai construit les murs et la toiture de ma maison « intérieure ». Les fondations achevées, place désormais à l'aménagement! La partie la plus plaisante. Uniquement guidée par le plaisir. Je suis aujourd'hui apaisé. J'ai même retrouvé le sommeil : depuis l'arrêt de ma carrière, je dors comme un bébé, ce n'est plus un combat. Enfin, rien n'est plus un combat!

Surtout, j'ai désormais le temps. J'ai mille projets à réaliser. Voyager, par exemple. Pour mon métier, je prenais l'avion comme on monte dans sa voiture. Mais je n'en profitais pas. Le trajet se résumait à aéroport-hôtel, hôtel-stade.

Ce n'est pas ma conception du dépaysement. J'aspire à découvrir une ville, un peuple, à prendre la peine de rencontrer les gens, de me fondre dans la foule et la faune locale. J'ai hâte de découvrir véritablement la Nouvelle-Zélande, à la rencontre de sa culture qui me passionne tant. Je veux aiguiser ma curiosité, me rendre à Hawaii pour l'esprit du surf, en Afrique du Sud, à Tahiti. Je suis en quête d'aventures. J'ai envie de me mettre en danger, pour vérifier la façon dont je réagis dans certaines situations. J'ai aussi la volonté de raconter, de faire partager mes aventures. Cela pourrait prendre les contours de reportages au long cours. Par l'écriture, le son ou l'image. Je n'ai pas d'œillères. J'aime comprendre, transmettre.

Je pourrais aussi me lancer dans la photographie. Amoureux de la nature, je me suis souvent retrouvé dans des endroits et sous des lumières magnifiques. Je veux capter ces moments-là. Les fixer pour l'éternité. J'ai démarré la photo à dix-neuf ans. Je développais moi-même les négatifs dans les toilettes, qui faisaient office de chambre noire. Je tirais les photos en noir et blanc dans ma baignoire. Mais je l'ai massacrée avec les produits de développement et je suis du genre impatient. Passer trois heures sur cinq tirages était bien trop pour moi ! Cette expérience a été intéressante dans la connaissance de l'univers de la photo, de la lumière. Depuis l'avènement du numérique, c'est tout de même plus simple pour le tirage et le stockage. Mais moins pur.

J'ai construit ma vie pour pouvoir être libre. J'ai patiemment assemblé les pièces du puzzle. Je ne veux pas me refuser quoi que ce soit. La compétition m'a obligé à me durcir. Je suis convaincu qu'à l'avenir je serai plus épanoui. Je vais ôter ma carapace, ce blindage que je m'imposais pour pratiquer mon sport au plus haut niveau. En jouant tous les trois jours, rien ne devait me perturber. Je me suis parfois astreint à une discipline de fer qui frisait la psychose. J'opinais quand l'entraîneur nous demandait de mettre le polo bleu et les chaussettes rouges : le système collectif l'exigeait. Mais je n'en pouvais plus.

Fini, tout ça. Je suis retourné vivre au bord de l'eau. Je veux croquer la vie par tous les bouts ! C'est le moment... Ça y est, je vais enfin me détendre. J'ai bien balisé mon chemin. Ma seconde vie, j'y songeais depuis des années. Le programme des réjouissances est vaste : passer du temps avec ma famille, mon fils, mon amoureuse, mes amis, reprendre une vie sociale normale, surfer, skier, plonger, faire de la voile, voyager, apprendre à jouer de la guitare, me shooter au sport encore et toujours, dévorer des côtes de bœuf aux sarments de vigne accompagnées d'un bon bordeaux, réaliser des documentaires sur le sport et la mer, restaurer des maisons, etc.

Lire aussi. Enfin. Jusque-là, j'ai surtout lu des bouquins « pratiques », comme dirait mon père. Je suis pragmatique, il me fallait du concret, du réel. A travers des ouvrages sur l'environnement, la mondialisation, la politique ou sur le monde des affaires, j'affinais mes propres idées, je tentais de comprendre le monde. Mon évasion, c'est surtout le sport, l'aventure et le voyage.

Les films aussi développent l'imagination. Cela doit être extrêmement jouissif d'être réalisateur ou acteur. Le champ d'investigation est illimité car il ne dépend que de ton imaginaire.

Mais jouer la comédie me semble très dur. Grâce à Guillaume Canet, devenu un ami, j'ai eu la chance de pouvoir observer cet univers de façon privilégiée. Il m'avait proposé un petit rôle : un tueur, dans son second film comme réalisateur, *Ne le dis à personne*, pour lequel il vient de recevoir le césar du meilleur metteur en scène.

Je lui avais dit en rigolant : « Le seul truc que j'aimerais bien faire serait d'interpréter un psychopathe ultrapervers qui découpe les gens à coups de tronçonneuse ! » Ça l'a fait rire. Lorsqu'il a tourné son polar, j'étais encore en activité. Je me souviens l'avoir appelé de Munich : « Je suis au repos demain. Je peux être sur ton plateau entre 14 et 16 heures pour faire ton film. » Sa réponse a été sans équivoque : « Tu as pété les plombs. Tu crois que tu vas tourner une pub pour Danone ! Ton rôle aurait nécessité trois ou quatre jours de tournage. »

Je ne le mesurais pas. J'ai compris la futilité de ma proposition en me rendant sur le plateau. J'ai assisté au tournage d'une courte scène. Pour mettre en boîte celle où une femme monte les escaliers et prononce quelques phrases, la caméra a tourné de 20 heures à 2 heures du matin !

Guillaume fait partie des gens qui comptent pour moi. C'est un mec rare, généreux et sincère. Il a été présent à tous les moments de ma fin de carrière. C'est un dingue de football et nous nous sommes rencontrés au Stade de France après un match des Bleus.

*La fureur de vivre*

Nous avons développé notre complicité autour d'une table à Paris, puis sur une planche au Pays basque. Quand j'ai appris qu'il aimait le surf, je lui ai fait découvrir le charme de mes terres. Il est sensible, possède dans l'œil le feu sacré. C'est un passionné, un acharné. Je crois que nous partageons la même fureur de vivre.

*

Ma priorité aujourd'hui est de profiter de l'existence. Tout peut basculer tellement vite. J'ai été touché par la disparition de mes grands-parents. Pour la première fois, j'étais confronté à la mort d'un proche. J'avais embrassé mon grand-père paternel pour lui dire au revoir une dernière fois. Sentir ce corps si froid, si dur. C'est troublant de voir un être cher passer de l'état de vie à l'état de mort. Bouleversante sensation.

Je me suis organisé en conséquence. Je rayonne depuis mon camp de base et prends fréquemment la navette Biarritz-Paris. Je reste un nomade. J'adore Paris mais je serais dans l'incapacité d'y habiter. Ce n'est pas une vie pour moi.

C'est tellement bon d'être capitaine de son bateau. De noircir soi-même son calendrier. Mes journées sont très bien remplies. A la maison, comme n'importe quel journaliste, je fais ma revue de presse pour mieux préparer mes interventions pour Canal+ et mes chroniques pour *L'Equipe*. J'essaie de faire partager ma passion pour le football et ma vision du sport. Je suis prêt à me battre pour défendre ma philosophie du sport et il peut arriver que mes commentaires ne plaisent pas à tout le monde. J'ai touché les limites du système pendant le Mondial. En début de compétition, j'avais rédigé un texte sur le rôle des médias sportifs. Je critiquais notamment certaines dérives journalistiques, trop portées sur la polémique pour la polémique. Celle-ci fait vendre. Le négatif fait vendre. Et en école de journalisme, on apprend que les trains qui arrivent à l'heure ne sont pas intéressants. La concurrence entre médias fait parfois oublier certains principes de base.

J'avais été en partie censuré. Je l'avais mal pris. Je m'en étais expliqué avec l'un des rédacteurs en chef du quotidien. Il me paraît juste et normal d'avoir le même sens critique envers la machine médiatique qu'elle peut en avoir avec les sportifs ou sur tous les sujets qu'elle traite. Personne ne détient la vérité absolue et tout le monde doit accepter la contradiction. La plume est une arme qui peut se révéler violente. Il faut faire attention au retour de boomerang. Je crois avoir touché du doigt un point sensible.

« Alors maintenant tu vas faire entraîneur ou manager dans un club ? » Voilà la question qui revient systématiquement depuis que j'ai arrêté. Je ne le pense pas. Je n'en ai aucune envie aujourd'hui. Pas avant trois ans de pure liberté. C'est une vie qui ressemble trop à celle de footballeur. J'ai déjà donné pendant vingt-deux ans ! Hôtels, mises au vert, avions, bus... overdose ! C'est du boulot à plein temps et je m'imagine mal tout sacrifier pour une seule activité, aussi intéressante soit-elle. Conseiller pour un club ? Pourquoi pas. Je le serai peut-être d'ici là pour le Bayern Munich, mais rien de plus. J'adore varier les genres. Le vrai sens de la vie est de pouvoir goûter à plein de plaisirs différents et de faire des expériences nouvelles. J'étais et je suis toujours animé par un seul credo : être authentique et libre. Accéder à la liberté a été l'un de mes combats permanents. Je l'ai gagné. A moi d'en jouir et de la préserver. Rester naturel ne sera en revanche pas un combat : je suis incapable de fonctionner autrement et la nature me ramène toujours à l'essentiel.

Voilà, la page se tourne sur ma première vie. J'ai tenté ici d'en partager les émotions, les sensations, les impressions avec ceux qui m'ont permis de la vivre et m'ont fait confiance. C'est partiel, partial, parfois maladroit, mais c'est sincère et vrai. J'y ai mis beaucoup de moi. Transmettre n'est jamais simple. Ces derniers mots sont pour toi, Txim. Le premier chapitre d'une nouvelle vie que tu vas écrire avec moi : je t'aime.

# Une vie de footballeur

Né le 9 décembre 1969 à Saint-Jean-de-Luz (Pyrénées-Atlantiques)
1,69 mètre, 75 kilos.

*Clubs :*

Eglantins d'Hendaye (1977-1984).
Girondins de Bordeaux (1984-1996).
Athletic Bilbao (1996-1997).
Bayern Munich (1997-2004).
Olympique de Marseille (juillet 2004-janvier 2005).
Bayern Munich (janvier 2005-juin 2006).

*Bilan en club :*

Premier match en Ligue 1 : Caen-Bordeaux (3-0) le 12 novembre 1988.
Dernier match en Bundesliga: Bayern Munich-Borussia Dortmund (3-3)
    le 13 mai 2006.
227 matchs de Ligue 1 et 33 de Ligue 2 (France) : 22 buts.
16 matchs de Liga (Espagne).
183 matchs de Bundesliga (Allemagne) : 7 buts.
90 matchs de Coupe d'Europe : 64 matchs de Ligue des champions (2
    buts) et 26 de Coupes de l'UEFA (1 but).

*Palmarès en club :*

Vainqueur de la Coupe Intercontinentale 2001.
Vainqueur de la Ligue des champions 2001.
Champion d'Allemagne 1999, 2000, 2001, 2003, 2005, 2006.
Vainqueur de la Coupe d'Allemagne 1998, 2000, 2003, 2005, 2006.

252

Vainqueur de la Coupe de la Ligue allemande 1997, 1998, 1999, 2000.
Finaliste de la Ligue des champions 1999.
Finaliste de la Coupe de l'UEFA 1996.
Finaliste de la Supercoupe d'Europe 2001.
Champion de France de Ligue 2 1992.

*Equipe de France (1992-2004) :*

97 sélections (2 buts).
Première sélection : France-Finlande (2-1) le 14 novembre 1992.
Dernière sélection : Grèce-France (1-0) le 25 juin 2004.
Buts en sélection : France-Israël (2-0) le 15 novembre 1995 et France-Arabie Saoudite (4-0) le 18 juin 1998.
Deux participations à la Coupe du monde (1998, 2002), trois au Championnat d'Europe (1996, 2000, 2004).
Vainqueur de la Coupe du monde 1998.
Vainqueur de l'Euro 2000.
Vainqueur de la Coupe des Confédérations 2001 et 2003.
Demi-finaliste de l'Euro 1996.

*Distinctions :*

Légion d'honneur 1998.
Elu quatre fois meilleur arrière latéral du championnat d'Allemagne.
Elu trois fois meilleur arrière gauche du championnat de France.
Désigné meilleur arrière gauche du monde par la Fédération internationale de football 2001.
Désigné meilleur arrière gauche du monde par *L'Equipe* 2001.

# TABLE

*Achevé d'imprimer sur les presses de*

**BUSSIÈRE**

GROUPE CPI

*à Saint-Amand-Montrond (Cher)*
*pour le compte des Éditions Grasset*
*en avril 2007*

N° d'édition : 14848. – N° d'impression : 071358/4.
Dépôt légal : avril 2007.

*Imprimé en France*